El Despertar Financiero

Ruth Muratori

DEDICATORIA

Este libro está dedicado a todas aquellas personas que sueñan con un futuro financiero más brillante. Que las lecciones de Ytur inspiren y guíen sus propios viajes hacia la libertad financiera. Que cada página sea un recordatorio de que el poder de transformar su realidad está en sus manos.

Dedico esta obra a aquellas personas que buscan conocimiento, a aquellas que perseveran ante desafíos financieros y a aquellas que creen en el potencial transformador de la educación financiera. Que encuentren en estas palabras no solo inspiración, sino también herramientas prácticas para construir un futuro financiero próspero.

Con gratitud y dedicación,

Ruth Muratori.

CONTENIDO

AGRADECIMIENTOS

Agradezco sinceramente a todas las personas que hicieron posible la creación de "El Despertar Financiero". Este proyecto no habría sido posible sin el apoyo y la contribución de individuos excepcionales. Especial mención a mi gran mentor D. Justo López Tello y a Alicia Sánchez quien me enseña que Todo es Posible.

A mi familia, por su paciencia y comprensión durante las largas horas de escritura. Su apoyo inquebrantable fue la fuente de inspiración constante.

Al equipo editorial, cuya experiencia y dedicación dieron forma a cada página de este libro. Su valioso aporte elevó la calidad de la obra.

A mis amigos y colegas que brindaron perspectivas valiosas y aliento en momentos cruciales. Su amistad ha sido un tesoro invaluable.

A los lectores, cuya curiosidad y compromiso con la educación financiera son el motor detrás de esta obra. Espero que encuentren en estas páginas tanto valor como yo he encontrado en compartir esta historia.

PRÓLOGO

Bienvenidos a "El Despertar Financiero", un relato que invita a sumergirse en un viaje cautivador hacia la libertad financiera. A través de las páginas de esta historia, conocerán a Ytur, un personaje cuya determinación y sed de conocimiento lo conducen desde las sombras de la rutina económica hacia la luminosidad de un futuro lleno de posibilidades.

Este relato no solo busca entretener, sino también inspirar y educar. Acompañen a Ytur mientras descubre las herramientas que transformarán su relación con el dinero y aprende lecciones fundamentales sobre ahorro, inversión y resiliencia en medio de desafíos financieros.

Cada capítulo es una ventana a la evolución de Ytur, guiado por una mentora sabia a través del intrincado laberinto de las finanzas personales. Desde los momentos reveladores hasta los desafíos superados con valentía, la historia de Ytur es un testimonio de cómo el conocimiento, la disciplina y la perseverancia pueden conducir a una vida financiera plena.

Este relato no solo es para aquellas personas que buscan una lectura inspiradora, sino también para aquellas que desean iniciar su propio viaje hacia el despertar financiero. Con cada página, les extendemos una invitación a reflexionar sobre sus propias decisiones financieras, a cuestionar creencias arraigadas y a descubrir el potencial transformador que yace en la comprensión profunda de las finanzas personales.

Que este viaje con Ytur sirva como un faro de inspiración, iluminando el camino hacia una vida financiera plena y empoderada. "El Despertar Financiero" es más que un relato, es una guía que les recordará que el control sobre su futuro financiero está en sus manos. ¿Están listos para despertar su propio potencial financiero? ¡Adelante, el viaje comienza ahora!

PRÓLOGO ALICIA SÁNCHEZ

Hace unos años no hubiera podido escribir este prólogo ya que mi experiencia con las finanzas era nula. Pensaba que los conceptos de la inteligencia financiera, libertad financiera, las inversiones, los objetivos financieros...eran para otro tipo de personas, básicamente ric@s.

Al pensar así yo y prácticamente todo mi entorno quedaba excluído de esa ecuación. Eso era para otr@s hasta que hice un clic.

Entendí que tenemos que hacernos responsables de nuestra economía y ser soberan@s de ella, porque si solo reproducimos lo que la mayoría de nosotr@s aprendimos de nuestros padres y adult@s del entorno, lo único que sabremos hacer es gastarnos todo lo que ganamos (en necesidades básicas y gastos "hormiga") o ahorrar para después gastarnos (en algo mayor: un piso, un coche, una boda...) lo que tenemos.

Personalmente he vivido una metamorfosis total en esta area de mi vida, pues en mi juventud pasé más de 15 años de mi vida en movimientos políticos y sociales anticapitalistas, odiando el dinero, criticando y juzgando a l@s empresari@s, a l@s ric@s... creía que el dinero era el mal del mundo y que corrompía a las personas, que era superficial. En mi juventud viví unos años practicamente sin dinero, no lo quería en mi vida, estaba totalmente identificada con unas ideas que me impedían tenerlo y menos aún, disfrutarlo. No me sentía mal porque estaba en una especie de coherencia, yo buscaba vivir de forma autogestionada usando el mínimo dinero necesario.

Conozco de primera mano lo que es tener que cambiar de mentalidad en relación al dinero y las finanzas para poder entrar en el abundante flujo de dinero que existe circulando por el mundo.

Leí y estudié a las mentes prósperas para convertir la mía en una de ellas. Tuve que soltar muchas de las ideas preconcebidas, de mis juicios, prejuicios, creencias limitantes... Tuve que cambiar mi relación con el dinero hasta sanarla. Eso no significa que te vuelvas un "tío Gilito" si no que comprendes que el dinero no es un fin sino un medio para materializar ideas y proyectos, también un medio para enriquecer a tu entorno y un medio para tu agradecimiento a otr@s por sus servicios, por su contribución, por su trabajo, por los productos que crea y ofrece. El dinero en movimiento enriquece a todos los sitios por los que pasa y llena de gratitud al que lo recibe y al que lo da a cambio del servicio o producto que necesita.

Si además de sanar tu relación con este recurso que es el dinero empiezas a comprender que debes aprender a administrar tus finanzas actuales (por pocas que sean), te auguro una vida felizmente resuelta en unos años.

Tienes que aprender a administrar con inteligencia financiera lo que tienes porque así como gestionas 1.000€ gestionarás 100.000€, 1 millón... y sin una nueva mentalidad puedes verte en un pozo aún ás grande gestionando mal un millón. Busca información sobre la gente que gana la lotería, a los 10 años la mayoría están peor y se arrepienten, ¿te lo puedes creer?. Tu mente dice: "a mí no me pasaría", pero eso es lo que ell@s decían también.

Tienes que entender que tus problemas económicos no se van a resolver ganando más dinero, eso es falso. Ya lo has vivido: cuando ganabas 1000€ gastabas 1000€; cuando ganabas 1.300€ gastabas 1.300€; cuando ganabas 1.800€ también te los gastabas, no sabes ni en qué... Siempre has acabado llegando a fin de mes derrapando y haciendo malabares.

Métete como puedas esto en la cabeza: los problemas económicos no se resuelven con más dinero, sino con una mentalidad diferente que administre el dinero que tienes con inteligencia financiera, en cada momento de tu vida.

En este libro, Ruth ha plasmado las bases y las claves de esa mentalidad a través de la historia de Ytur (el protagonista de esta historia) de una manera ligera y muy digerible, de forma que cualquier lector/a puede empezar a captar la importancia de ser humilde, admitir que su mentalidad no le está sirviendo para tener una vida próspera y volverse un aprendiz, como Ytur, escuchando a aquell@s que ya han hecho el camino y ponen luz para l@s que están en él.

Cuando conoces a Ruth y sientes su energía es instantáneo ver que es una persona feliz, llena de vida, que vuelca su corazón en todo lo que hace. La mente común puede pensar que es feliz porque las cosas le van muy bien, pero tenemos que entender que funciona al revés: las cosas le van muy bien porque es feliz.

Me siento afortunada de que la vida nos haya juntado, nuestra conexión fue inmediata, reconozco esa energia que emana y automáticamente nos convertimos en amigas y yo, en aprendiz.

Te deseo, querid@ lector/a que abras tu mente a una nueva forma de mirar el mundo del dinero y las finanzas. Deseo de todo corazón TU DESPERTAR FINANCIERO.

Alicia Sánchez Pérez

www.escuelaaliciasanchez.com

CARTA AUTORA

Es un honor y un placer darles la bienvenida a las páginas de "El Despertar Financiero". En esta historia, he buscado plasmar no solo las experiencias de un personaje, sino también compartir enseñanzas que pueden iluminar el camino hacia una vida financiera más plena.

"El Despertar Financiero" no es solo un relato; es un llamado a la reflexión y la acción. A través de las experiencias de Ytur, deseo inspirarlos a cuestionar sus propias percepciones sobre el dinero, a descubrir las herramientas que transformarán su relación con las finanzas y a forjar un camino hacia la libertad financiera.

Mi deseo más profundo es que esta historia no solo entretenga, sino que también motive y eduque. Que encuentren en las páginas de este libro no solo las vivencias de su protagonista, sino también lecciones que puedan aplicar en su propia travesía financiera.

Agradezco sinceramente que hayan decidido acompañarme en este viaje literario. Espero que encuentren en estas páginas la inspiración y la orientación que necesitan para despertar su propio potencial financiero.

Con gratitud,

Ruth Muratori.

1 EL COMIENZO DE UN VIAJE

Entre Números y Sombras

El despertador, ese oráculo mecánico que dictaba el ritmo de su existencia, resonó con su zumbido incesante. Ytur, en la semioscuridad de su habitación, se sumió en la conciencia de otro día que se desplegaba ante él como un pergamino en blanco. El reloj, indiferente a sus anhelos, marcaba el inicio de una jornada que se repetía como un eco monótono.

Ytur, de treinta y tres años, llevaba consigo el peso de una vida que, aunque cómoda, se sentía como un traje demasiado ajustado. Su cabello oscuro, salpicado de canas prematuras, reflejaba las tensiones de una rutina que había dejado huellas en su rostro. Aunque sus ojos, de un azul profundo, todavía guardaban destellos de curiosidad, estaban nublados por la sombra de la insatisfacción.

El reflejo en el espejo, mientras se preparaba para enfrentar el día, dejaba entrever más que las facetas físicas. En esos ojos, había una sombra, un rastro de insatisfacción que se escondía entre los pliegues de su expresión. La rutina diaria, con su aparente estabilidad, no lograba colmar un vacío que crecía silenciosamente.

En el torbellino de la vida cotidiana, Ytur era un náufrago en un mar de monotonía financiera. La jornada laboral, como un vórtice voraz, lo devoraba, dejando tras de sí solo un breve respiro antes de sumergirse en la ansiedad provocada por las cuentas pendientes. La búsqueda constante de estabilidad financiera parecía ser la única melodía en su sinfonía de vida.

En una tarde gris, mientras deambulaba por las calles con la mirada perdida en el horizonte, el destino lo condujo a un anciano sabio que reposaba en un banco. Las arrugas en su rostro parecían narrar historias de un tiempo lejano, de experiencias y lecciones aprendidas. Movido por una fuerza inexplicable, Ytur se detuvo, y el anciano, percibiendo la necesidad en sus ojos, le ofreció un asiento compartido.

—La vida es un viaje, joven. A veces nos perdemos en la rutina, olvidando que hay más que hacer que simplemente pagar cuentas —dijo el anciano con una voz cargada de experiencias.

Intrigado, Ytur compartió sus luchas financieras y la sensación de estar atrapado en un ciclo interminable. Las palabras del anciano resonaron con la profundidad de una verdad antigua.

—La verdadera riqueza no se encuentra en la acumulación de dinero, sino en la búsqueda de aquello que realmente te hace sentir vivo. Tu viaje apenas comienza, Ytur —aseveró el anciano, con una sabiduría ancestral en su mirada.

Aquellas palabras, como semillas plantadas en la mente de Ytur, germinaron durante la despedida. Un destello de determinación nació dentro de él, una llama titilante que iluminaba el sendero hacia lo desconocido.

En la quietud de su hogar esa noche, mientras revisaba sus finanzas en la penumbra, las palabras del anciano resonaron como un eco insistente en su mente. La necesidad de un cambio se convirtió en un leitmotiv que vibraba en cada rincón de su conciencia. Decidió que no permitiría que la monotonía financiera definiera su existencia.

Al alba del día siguiente, Ytur se encontró ante el espejo, reflexionando sobre la jornada que se avecinaba. En ese momento crucial, decidió tomar su primera decisión audaz.

Ytur: (murmurando para sí mismo) Hoy es el día. Es hora de romper las cadenas y dar un paso fuera de mi zona de confort.

Reflejo en el espejo: ¿Estás seguro de esto, Ytur? Puedes optar por lo seguro, seguir las expectativas y las restricciones autoimpuestas. ¿Por qué desafiar lo conocido?

Ytur: (con determinación) Porque sé que hay más allá de estas paredes que he construido a mi alrededor. Quiero descubrir lo que soy capaz de lograr cuando me atrevo a desafiar las expectativas, incluso las mías.

Reflejo en el espejo: Pero, ¿y si fallas?

Ytur: Esa es la belleza de tomar riesgos, ¿no? Aprendo, crezco y me reinvento. Prefiero arrepentirme de las acciones audaces que de las oportunidades perdidas.

Reflejo en el espejo: (con una sonrisa) Entonces, ¿hacia dónde te diriges?

Ytur: A un lugar donde la comodidad no limite mi potencial. Voy a desafiar las expectativas y explorar nuevas posibilidades. Hoy, la audacia guiará mi camino.

Con esa conversación consigo mismo, Ytur selló su compromiso con la audacia y se encaminó hacia un día lleno de posibilidades desconocidas.

El comienzo de su viaje no solo simbolizaba la búsqueda de estabilidad financiera, sino un intento valiente de descubrir la verdadera riqueza que la vida tenía para ofrecer.

El viaje de Ytur se había puesto en marcha, y con cada paso, se abrían puertas hacia un futuro desconocido pero lleno de posibilidades. La necesidad de cambio se había convertido en la brújula que guiaría sus pasos hacia una vida más plena, más auténtica.

Este capítulo inicial, lejos de ser solo el comienzo de una historia financiera, es el prólogo de una epopeya personal. Ytur se aventura en un viaje donde cada elección, cada paso audaz, se convierte en una nota en la sinfonía de su propia transformación. La monotonía financiera, una vez dominante, se desvanece ante la promesa de un amanecer lleno de autenticidad y descubrimiento. Pero, ¿qué otros secretos aguardan en el siguiente compás de su odisea? Solo el tiempo y las páginas por venir revelarán las respuestas.

2 EL DESPERTAR DE LA MAGIA FINANCIERA

El despertar de ese día envolvió a Ytur en una anticipación palpable. Inspirado por la determinación recién descubierta, se aventuró por las calles de la ciudad, cada paso resonaba con la esperanza de acercarse un poco más a su destino.

En una animada avenida, un destello dorado en una esquina atrajo su atención. En medio del bullicio urbano, encontró una pequeña tienda con un rótulo que decía "Samuel Fintech: Maestro de las Finanzas". El nombre resonaba con un misterio que prometía revelaciones trascendentales.

La campana tintineó suavemente al abrir la puerta, marcando su entrada a un refugio financiero donde los libros y dispositivos parecían custodiar secretos ancestrales. Un hombre distinguido, con una sonrisa enigmática que desafiaba el tiempo, emergió de entre las estanterías.

—Bienvenido, Ytur. He estado esperándote. —saludó el hombre, su voz resonaba como una melodía antigua.

—¿Cómo sabes quién soy? —preguntó Ytur, sorprendido.

—Samuel Fintech siempre sabe cuando alguien está listo para cambiar su destino financiero. —respondió el hombre, extendiendo una mano en un gesto amistoso.

Ytur estrechó la mano, sintiendo una conexión que iba más allá de lo tangible.

—He oído hablar de tus anhelos y tu búsqueda de algo más en la vida. Estás listo para el encuentro mágico que cambiará tu percepción de las finanzas para siempre. —anunció Samuel con solemnidad.

Guió a Ytur hacia un rincón de la tienda, donde una mesa estaba cubierta de pergaminos antiguos y documentos financieros. A medida que Samuel compartía su sabiduría, los números cobraban vida, transformándose en símbolos místicos que danzaban en el aire.

—Ytur, la magia de las finanzas no reside solo en los números, sino en entender cómo pueden trabajar a tu favor. —explicó Samuel, sumergiendo a Ytur en un mundo donde los conceptos financieros se entrelazaban con la magia misma.

Las horas se desvanecieron mientras Ytur absorbía cada palabra de su nuevo mentor. El encuentro mágico no solo marcaba el inicio de su transformación financiera; era la apertura de una puerta a la curiosidad y el deseo de descubrimiento que lo envolvían como un hechizo.

El aroma a incienso llenaba la atmósfera mientras Samuel desgranaba los secretos de la magia financiera. Cada palabra era un conjuro que abría portales a dimensiones desconocidas de la prosperidad. Ytur se encontraba en un trance, maravillado por la revelación de cómo los números podían ser armonías en un concierto financiero.

Al final de la jornada, Samuel puso un pergamino frente a Ytur, cubierto de fórmulas financieras que parecían más encantamientos que simples cálculos.

—Este es tu primer hechizo financiero, Ytur. Practica y aprende. Tu viaje hacia la verdadera riqueza acaba de comenzar.

En el místico reino de las finanzas, existe una fórmula que algunos llaman "La Alquimia Económica". Se dice que esta fórmula tiene el poder de transformar las circunstancias económicas más desafiantes en oportunidades relucientes. Aunque no se trata de magia literal, su efectividad ha dejado perplejos a muchos buscadores de la riqueza.

La "Alquimia Económica" se expresa así:

$A = (I + R) \times E$ elevado a 2

Donde:

- A representa el nivel de abundancia financiera,
- I es la inversión inicial,
- R es el rendimiento de la inversión, y
- E es la energía positiva dedicada al proceso.

Se dice que esta fórmula no solo considera los aspectos monetarios de la inversión, sino también la energía positiva y la actitud resiliente del inversor. La magia radica en el hecho de que cuanto mayor sea la energía positiva (E), más potente será la transformación. Es como si la fórmula capturara la esencia misma de la determinación y la visión positiva.

Los que han seguido esta fórmula sugieren que la clave no solo está en invertir y esperar rendimientos, sino también en cultivar la energía positiva y la mentalidad de crecimiento. Se cree que la "Alquimia Económica" es una combinación única de ciencia financiera y filosofía de vida, donde la magia proviene de la integración de ambos elementos.

— Por supuesto, la verdadera magia en el mundo financiero radica en la educación continua, la toma de decisiones informadas y la perseverancia. Aunque esta fórmula es un toque encantado, la sabiduría y el conocimiento son las varitas mágicas que la activan y le dan verdadero poder. Así que, para aquellos que se aventuran en el arte de la inversión, la "Alquimia Económica" puede ser una guía fascinante, pero siempre recordando que la magia verdadera se encuentra en el esfuerzo constante y el aprendizaje continuo.— explicó Samuel.

Con un sentimiento de gratitud y emoción, Ytur aceptó el desafío. Sabía que este encuentro mágico con Samuel Fintech sería el catalizador de una metamorfosis que transformaría no solo sus finanzas, sino su vida en su totalidad. La trama del destino se desenvolvía, y Ytur, ahora imbuido con el arte encantado de las finanzas, se embarcaba en un viaje hacia un reino donde la magia y la realidad se entrelazaban, y cada paso resonaba con la promesa de un mañana lleno de posibilidades aún desconocidas.

La noche caía sobre la ciudad, pero en el corazón de Ytur, se encendía una luz que iluminaba el camino hacia la autenticidad financiera. Cerró la puerta de la tienda con la certeza de que su vida nunca volvería a ser la misma. La calle, antes llena de incertidumbre, se extendía ante él como un camino pavimentado con las estrellas, y cada estrella era una oportunidad por descubrir. La magia había sido invocada, y Ytur, el aprendiz de la nueva realidad financiera, estaba listo para desafiar las leyes convencionales y adentrarse en un viaje que trascendía las expectativas mundanas.

El encuentro mágico con Samuel Fintech no era solo una lección; era el inicio de una epopeya financiera que se desplegaría en las páginas de la vida de Ytur. En las sombras de la ciudad, donde los edificios se alzaban como guardianes silenciosos, se gestaba una revolución en la percepción de Ytur sobre las finanzas. Las estrellas guiaban su camino, y el hechizo financiero inscrito en el pergamino se convertiría en la brújula que dirigiría sus pasos en esta odisea de descubrimiento y crecimiento.

En los días venideros, Ytur se sumergiría en la práctica de sus recién adquiridos conocimientos financieros, experimentando con cada hechizo como un alquimista de la prosperidad. La tienda de Samuel Fintech se convertiría en su refugio sagrado, donde los números bailaban al son de la magia y la búsqueda de la verdadera riqueza se convertiría en un peregrinaje personal.

El viaje hacia la autenticidad financiera se tejía con los hilos de la curiosidad y la determinación. Ytur, en su papel de protagonista, abrazaba el desafío con valentía, listo para enfrentar los desafíos y las revelaciones que le esperaban en cada página de su viaje mágico. En las esquinas de la realidad y la magia, Ytur encontraría el equilibrio perfecto para transformar su vida y redefinir el significado mismo de la riqueza.

Así concluye el capítulo 2, marcando el inicio de una saga donde los sueños, la magia y las finanzas convergen en un viaje inolvidable hacia la verdadera riqueza. ¿Qué destinos aguardan a Ytur en esta travesía? Solo el tiempo, como el más sabio de los magos, revelará los secretos que yacen en las páginas no escritas de su historia financiera.

3 LA LLAMADA DEL MENTOR

Los días transcurrieron como páginas que Ytur leía con avidez, absorbiendo cada palabra de los hechizos financieros que Samuel le había entregado. Cada número se convertía en una palabra mágica, y cada gráfico se desplegaba como un mapa que indicaba el camino hacia la ansiada tierra de la estabilidad económica.

Una tarde, mientras estaba inmerso en la revisión de sus progresos en la pequeña oficina que había transformado en su santuario financiero, el teléfono resonó con el nombre "Samuel Fintech" parpadeando en la pantalla. La emoción palpable en la voz de Ytur revelaba la importancia de recibir la llamada de su mentor, y con rapidez, respondió.

—Ytur, ¿cómo prosperan tus prácticas? —inquirió Samuel con su característica serenidad.

—Es increíble, Samuel. Cada día siento cómo estos principios transforman mi relación con el dinero y las finanzas. —respondió Ytur, dejando que su entusiasmo fluyera.

—Me complace saberlo. Sin embargo, querido aprendiz, tu travesía apenas comienza. Es hora de elevar tu magia financiera a niveles superiores. —anunció Samuel, y la seriedad en su tono indicaba que se avecinaba un giro significativo.

—¿Cómo debo proceder? ¿Qué nuevos conocimientos debo adquirir? —inquirió Ytur, ansioso por continuar su evolución.

—Te introduciré a un círculo selecto de individuos que, como tú, buscan desbloquear el potencial oculto de sus finanzas. Nos encontraremos en un lugar especial donde la magia financiera fluye con libertad. —explicó Samuel, tejiendo un manto de intriga en la mente de Ytur.

La llamada prosiguió con detalles sobre el encuentro, y Ytur sintió que su corazón latía con mayor intensidad con cada palabra. La oportunidad de unirse a un círculo de aprendices y maestros financieros resonaba con él, como si estuviera destinado a ser parte de un designio mayor.

—La reunión está programada para dentro de tres días. Ve bien preparado, Ytur. Este será un paso crucial en tu travesía hacia la verdadera riqueza. —concluyó Samuel antes de despedirse.

Los días siguientes estuvieron llenos de anticipación y preparativos. Ytur se sumergió en sus estudios con un vigor renovado, perfeccionando sus hechizos financieros y explorando nuevas fórmulas que Samuel había insinuado en su llamada.

Finalmente, llegó el día de la reunión mágica. Ytur se dirigió al lugar indicado con el corazón lleno de expectativas y la certeza de que algo extraordinario estaba a punto de suceder. La llamada del mentor resonaba en su mente como un eco, guiándolo hacia un encuentro que cambiaría el curso de su destino financiero y le revelaría los secretos más profundos de la magia de las finanzas.

La ciudad, normalmente bulliciosa, parecía silenciarse mientras Ytur se acercaba al lugar del encuentro. La expectativa y la emoción se entrelazaban en su pecho, creando una sinfonía de anticipación. El lugar especial señalado por Samuel reveló ser un edificio antiguo, con una puerta que se abría hacia un vestíbulo iluminado por la luz tenue de las velas.

Al cruzar el umbral, Ytur se encontró con un ambiente lleno de energía mágica. Individuos con expresiones determinadas se congregaban, compartiendo sus experiencias financieras y secretos aprendidos. Samuel Fintech emergió de entre la multitud, saludando a Ytur con una mirada llena de complicidad.

—Bienvenido al círculo, Ytur. Aquí, el conocimiento financiero se entrelaza con la magia. Prepárate para descubrir los secretos que te conducirán hacia la verdadera riqueza. —anunció Samuel, marcando el inicio de una noche que prometía revelaciones y aprendizajes más allá de la imaginación de Ytur.

Los días venideros se tejerán con hechizos y revelaciones, llevando a nuestro protagonista a explorar los rincones más profundos de la sabiduría financiera. —¿Qué secretos aguardan en este círculo selecto?. Solo el tiempo, como un sabio hechicero, desvelará las respuestas en las páginas por escribir de mi fascinante odisea financiera. — se dijo Ytur.

4 REVELACIÓN EN EL LABERINTO

El Despertar del Laberinto

El lugar al que Ytur fue dirigido por Samuel resultó ser una majestuosa mansión que se alzaba imponente entre los jardines exuberantes. Las puertas antiguas, al atravesarlas, revelaron un vestíbulo opulento donde individuos distinguidos intercambiaban secretos financieros y estrategias con entusiasmo palpable. La energía en el aire era una mezcla embriagadora de anticipación y promesa, un presagio de descubrimientos que cambiarían vidas.

Samuel Fintech, destacándose en el centro del vestíbulo, recibió a Ytur con una sonrisa acogedora que reflejaba el aura de este santuario financiero.

—Bienvenido, Ytur. Este es el Laberinto Financiero, un refugio donde los buscadores de la verdadera riqueza convergen para compartir conocimientos y desbloquear el potencial mágico de sus finanzas.

La magnitud del evento no escapó a Ytur, quien asintió, dejándose envolver por la grandiosidad del momento. Se sumergió en el bullicio del vestíbulo, donde cada conversación parecía una puerta a una lección valiosa. En un rincón, un anciano compartía las historias de sus inversiones sabias, mientras que en otro, un joven emprendedor discutía estrategias innovadoras para el crecimiento económico.

En el corazón del Laberinto Financiero, Ytur se encontró frente a un panel de expertos. Maestros financieros compartían sus secretos con una pasión que iba más allá de lo convencional. Cada palabra parecía tener el peso de un hechizo, listo para transformar no solo la fortuna, sino la percepción misma de la riqueza.

—La verdadera riqueza no reside solo en la acumulación de dinero, sino en el conocimiento y la sabiduría para usarlo sabiamente. —explicó uno de los maestros, una declaración que resonó profundamente en la audiencia.

Ytur, inmerso en este océano de información, se sintió como si estuviera desentrañando los misterios de un universo financiero antes desconocido. Cada conversación era un capítulo en un libro antiguo, y él estaba ansioso por devorar cada palabra.

La revelación alcanzó su punto culminante cuando un maestro anciano compartió una antigua fórmula financiera. Según sus palabras, esta fórmula tenía el poder de transformar incluso las circunstancias más desafiantes. Ytur, tomando notas con entusiasmo, se sintió agradecido por haber llegado a este lugar en el momento perfecto:

TIERRA, que simboliza la solidez y estabilidad de tu base financiera:

$$T = I \times E \times R \times R \times A$$

Donde:

- T representa la Tierra financiera, la base sólida sobre la cual construyes tu patrimonio.
- I es la Inversión constante en tu crecimiento financiero.
- E simboliza la Eficiencia en la gestión de tus recursos.
- R es la Resiliencia ante desafíos financieros.
- A representa la Adaptabilidad a las cambiantes condiciones económicas.

Esta fórmula destaca la importancia de tener una base financiera sólida, invertir de manera constante en tu crecimiento, ser eficiente en la gestión de recursos, ser resiliente frente a desafíos y ser adaptable a condiciones cambiantes. Al multiplicar estos elementos, fortalecerás tu base financiera, proporcionándote la solidez necesaria para resistir cualquier tormenta financiera y crecer en todo tipo de terrenos económicos. ¡Cultiva tu tierra financiera con sabiduría y perseverancia!

Al abandonar el Laberinto Financiero, Ytur llevaba consigo no solo conocimientos renovados sino también una conexión más profunda con su propio potencial. La revelación en el laberinto había sido más que una lección; fue un despertar interior, una determinación más fuerte de desentrañar los misterios de la magia financiera y aplicarlos en su propio viaje.

De vuelta en casa, se sumergió en la aplicación de las nuevas estrategias aprendidas. Cada hechizo financiero se volvía más poderoso, y su comprensión del juego económico crecía con cada día que pasaba. El Laberinto Financiero no solo había sido un catalizador de su transformación, sino que también se había convertido en un faro que iluminaba su camino hacia la verdadera riqueza.

El viaje continuaba, pero ahora, Ytur caminaba con una confianza renovada, sabiendo que la verdadera riqueza no solo estaba a la vuelta de la esquina, sino que también residía dentro de su capacidad para entender y aplicar la magia de las finanzas.

En los días subsiguientes, Ytur se encontró inmerso en la práctica de las enseñanzas adquiridas en el Laberinto. Cada estrategia, cada concepto, se convirtió en una herramienta en su arsenal financiero. Experimentó con las fórmulas ancestrales y las tácticas vanguardistas, viendo cómo cada hechizo reaccionaba en el tejido mismo de su realidad financiera.

El Laberinto Financiero, sin embargo, no se limitaba a ser un evento único en el tiempo. Se había convertido en una fuente inagotable de conocimiento en constante evolución. Los maestros, conscientes de que la magia financiera no tenía límites, continuaron guiando a Ytur en su viaje.

Un día, mientras exploraba una ala del Laberinto que aún no había visitado, Ytur se topó con una biblioteca secreta. Sus estantes estaban llenos de pergaminos antiguos, registros de estrategias olvidadas y profecías económicas. Aquí, el aprendizaje tomó una nueva dimensión, ya que Ytur se embarcó en la decodificación de antiguos textos y en la comprensión de principios fundamentales que habían resistido la prueba del tiempo.

Su devoción al conocimiento lo llevó a descubrimientos asombrosos. Entre los pergaminos, encontró un tratado sobre la psicología del mercado, una gema oculta que revelaba los secretos de cómo las emociones humanas influían en los movimientos del mercado. A medida que absorbía esta información, Ytur se dio cuenta de que la magia financiera no solo residía en cifras y fórmulas, sino también en la comprensión profunda de la naturaleza humana.

El Laberinto, que alguna vez fue un escenario majestuoso para encuentros y revelaciones, se convirtió en el hogar espiritual de Ytur. Pasó noches enteras inmerso en la biblioteca secreta, explorando las conexiones entre el pasado y el presente, entre la magia antigua y las estrategias contemporáneas. Su comprensión de la magia financiera se volvió más completa, más matizada.

Con el tiempo, Ytur se convirtió en un maestro por derecho propio. Se destacaba no solo por su capacidad para acumular riqueza, sino por su habilidad para enseñar a otros el arte y la ciencia de la magia financiera. Su academia, que alguna vez fue solo un sueño, creció en renombre y alcance. Pero de esto hablaremos más adelante.

La sala secreta en el corazón del Laberinto se convirtió en su espacio sagrado. Allí, Ytur se reunía con maestros ancianos y jóvenes aprendices por igual. El intercambio de conocimientos era constante, y cada encuentro dejaba una marca en la línea del tiempo del Laberinto Financiero.

El Laberinto Financiero, aunque misterioso y cambiante, seguía siendo un faro para aquellos que buscaban la magia financiera. Los buscadores llegaban de todas partes, ansiosos por sumergirse en las enseñanzas imperecederas que el Laberinto ofrecía.

La magia financiera, en manos de Ytur y sus seguidores, se convirtió en un arte perdurable. Cada estrategia, cada revelación, se tejía en la historia del Laberinto, un tapiz en constante expansión que contaba la historia de la transformación personal y la búsqueda de la verdadera riqueza.

La intriga del Laberinto Financiero persistía, envolviendo a cada nuevo buscador en un abrazo de posibilidades ilimitadas. Y así, el Laberinto continuaba su danza eterna, revelando sus secretos solo a aquellos lo suficientemente valientes como para adentrarse en sus corredores mágicos.

5 HERRAMIENTAS QUE TRANSFORMAN

Empapado en el conocimiento recién adquirido en el Laberinto Financiero, Ytur se dio cuenta de que la verdadera magia financiera no solo residía en antiguas fórmulas y estrategias, sino también en las herramientas modernas que podían transformar su enfoque y potenciar sus hechizos. Decidió aventurarse en un nuevo territorio, explorando vías tecnológicas y herramientas digitales que le permitirían llevar sus prácticas financieras a alturas aún mayores.

Su investigación lo llevó a descubrir un amplio espectro de herramientas digitales diseñadas para la transformación efectiva de la gestión financiera. Aplicaciones de seguimiento de gastos, plataformas de inversión en línea y asesores virtuales se presentaron como aliados potenciales en su búsqueda de la magia financiera.

La interfaz de la aplicación que eligió resultó ser tan intuitiva como los antiguos pergaminos mágicos, permitiéndole visualizar sus gastos, ingresos e inversiones de manera clara y concisa. Los gráficos interactivos se desplegaban como mapas estelares, guiándolo a través de su viaje financiero con una claridad asombrosa.

Una característica que lo dejó impresionado fue la función de asesoramiento virtual. Esta conectó a Ytur con expertos en finanzas que compartieron insights personalizados basados en sus hábitos y metas financieras. Se sintió respaldado por un ejército de consejeros digitales que le proporcionaban orientación en tiempo real, algo que nunca habría imaginado en los días en que los consejeros financieros eran exclusivamente custodios de números.

En su búsqueda de herramientas transformadoras, Ytur también descubrió una plataforma de inversión social. Esta innovadora herramienta le permitía conectarse con otros magos financieros de todo el mundo. Podía aprender de sus estrategias, compartir sus propias experiencias y participar en desafíos financieros para poner a prueba sus habilidades. Era como un concilio virtual donde los conocimientos fluyeron como corrientes mágicas entre sus miembros.

Cada herramienta digital se convirtió para Ytur en una varita mágica, una extensión de su capacidad para influir en el flujo de su destino financiero. Seleccionó cuidadosamente las herramientas que mejor se adaptaban a sus necesidades y las integró hábilmente en su rutina diaria, transformando su enfoque de las finanzas de manera tangible.

A medida que las herramientas modernas se combinaban con los hechizos antiguos, las cifras en las cuentas de Ytur comenzaron a crecer exponencialmente. El poder de estas herramientas no solo radicaba en su capacidad para proporcionar análisis detallados o conectar a Ytur con asesores virtuales, sino también en su capacidad para adaptarse y evolucionar en el cambiante mundo financiero.

Las aplicaciones de seguimiento de gastos se convirtieron en guardianes digitales, escudriñando cada transacción para identificar patrones y tendencias. Los gráficos interactivos no solo mostraban el pasado financiero, sino que también arrojaban luz sobre posibles futuros, como profecías que Ytur podía interpretar y utilizar a su favor.

El asesoramiento virtual, con su capacidad para analizar datos en tiempo real, se convirtió en un oráculo moderno. Predijo riesgos y sugirió estrategias de inversión con la precisión de un vidente. Ytur se encontró en conversaciones virtuales con estos consejeros, donde las palabras codificadas y las sugerencias financieras eran los conjuros que influirían en su próximo movimiento.

La plataforma de inversión social se convirtió en una escuela de magia moderna. No solo conectó a Ytur con otros buscadores de la verdadera riqueza, sino que también le permitió observar cómo aplicaban sus hechizos financieros. Participó en rituales financieros compartiendo sus propias experiencias y absorbiendo la magia de los demás. Este intercambio constante de conocimientos creó un vínculo invisible entre los magos financieros, fortaleciendo su comunidad y proporcionándoles un apoyo mutuo en su búsqueda de la verdad financiera.

A medida que Ytur integraba estas herramientas mágicas en su vida diaria, se dio cuenta de que la magia financiera no solo residía en el conocimiento, sino también en la capacidad de adaptarse y evolucionar con el tiempo. Las herramientas digitales no eran solo accesorios, sino artefactos encantados que le permitían descifrar los misterios del presente y prepararse para los desafíos futuros.

Con cada deslizamiento de dedo en la pantalla de su dispositivo, Ytur lanzaba hechizos invisibles que afectaban el flujo de su riqueza. Las herramientas mágicas se convirtieron en extensiones de sus habilidades, potenciando cada movimiento y permitiéndole explorar aspectos de la magia financiera que antes eran inalcanzables.

A medida que el tiempo pasaba, las cifras en sus cuentas crecían como resultado de esta fusión entre lo antiguo y lo moderno. El Laberinto Financiero le había proporcionado la base, pero las herramientas digitales estaban llevando su magia financiera a nuevas alturas.

El próximo capítulo de su viaje prometía desafíos aún mayores. Sin embargo, con sus hechizos afilados y sus herramientas mágicas a su disposición, Ytur estaba listo para cualquier cosa que el mundo financiero le lanzara. La sinfonía de lo antiguo y lo moderno resonaba en su mente, una melodía que guiaba sus pasos mientras se adentraba en el siguiente capítulo de su búsqueda de la verdadera riqueza. La magia financiera estaba viva y evolucionaba, y Ytur se encontraba en el centro de este emocionante renacimiento.

6 EL ARTE DEL PRESUPUESTO

Con su arsenal mágico de conocimientos y herramientas a la mano, Ytur comprendió que el siguiente paso crucial en su viaje hacia la verdadera riqueza era dominar el arte del presupuesto. Se sumergió en este arte como un estudiante ansioso, dispuesto a descubrir los secretos de equilibrar ingresos y gastos.

El presupuesto se convirtió en su lienzo, y cada categoría era una pincelada que le permitía crear la imagen de su futuro financiero. Con paciencia y atención, Ytur asignó cuidadosamente fondos a sus necesidades esenciales, metas de ahorro y aspiraciones a largo plazo. Cada número se convirtió en una nota en la sinfonía de su plan financiero, una melodía que resonaba con la armonía de la estabilidad económica.

Una noche, mientras ajustaba los detalles de su presupuesto, Samuel Fintech apareció en su mente como un sabio consejero.

—El presupuesto es como un hechizo continuo, Ytur. Cada asignación es una palabra mágica que influye en el flujo de tu destino financiero.

Armado con esta perspectiva, Ytur adoptó el arte del presupuesto como una disciplina diaria. Cada mañana revisaba su presupuesto como un mago que revisa su grimorio antes de un día de conjuros. La práctica constante refinaba su habilidad para asignar recursos de manera efectiva.

El arte del presupuesto no solo le proporcionó una visión clara de sus finanzas, sino que también le permitió anticipar y gestionar los desafíos financieros. Las fluctuaciones económicas se convirtieron en ráfagas predecibles de viento, y Ytur ajustaba sus velas presupuestarias para navegar a través de ellas con gracia.

Con el tiempo, su presupuesto se convirtió en una obra maestra en constante evolución, reflejando su crecimiento financiero y sus metas cambiantes. Cada ajuste era una pincelada que añadía profundidad a la imagen de su futuro.

El arte del presupuesto se extendió más allá de las cifras frías y se convirtió en una sinfonía financiera que resonaba en su vida diaria. Cada categoría era un instrumento que contribuía a la melodía general de su bienestar financiero.

Ytur comenzó a ver su presupuesto como una creación artística en constante evolución. Experimentó con nuevas asignaciones, probó diferentes ritmos y ajustó los tonos según su progresión financiera. Cada mes, su presupuesto era una nueva composición, reflejando su crecimiento personal y financiero.

La práctica constante del arte del presupuesto también le proporcionó una mayor comprensión de sus propias prioridades y valores. A medida que asignaba recursos a diversas categorías, descubría qué aspectos de su vida financiera eran verdaderamente importantes para él. Este autoconocimiento se convirtió en una herramienta valiosa, ya que le permitió alinear sus acciones financieras con sus metas y valores más profundos.

La sinfonía financiera de Ytur no solo era una combinación de cifras y categorías; era una experiencia que se traducía en la música de su vida cotidiana. Cada transacción, cada asignación de recursos, era una nota que resonaba en la composición de su bienestar financiero.

En el próximo capítulo, Ytur descubriría que el arte del presupuesto no solo era una herramienta práctica, sino también una expresión creativa de su visión para una vida financiera plena. El lienzo de su presupuesto estaba listo para recibir nuevas capas de magia y prosperidad. En esta sinfonía financiera, cada nota resonaba con la promesa de un futuro donde el arte y la riqueza se entrelazaban en una armonía perfecta.

7 AHORRAR: EL ESCUDO DEL FUTURO

Forjando la Resiliencia Financiera

En el tejido del tiempo y las decisiones financieras, Ytur se encontró en un nuevo capítulo de su odisea hacia la verdadera riqueza: el arte de ahorrar. Después de perfeccionar el presupuesto como una sinfonía financiera, comprendió que su siguiente paso crucial era construir un escudo sólido para enfrentar las incertidumbres del mañana.

El ahorro, en la visión de Ytur, no era simplemente acumular monedas en una hucha; era la construcción de un escudo mágico que lo protegería contra las tormentas financieras. Cada moneda que destinaba a sus ahorros era un hechizo que fortalecía su defensa contra las adversidades económicas.

Guiado por la sabiduría de Samuel Fintech, Ytur comprendió que el ahorro no solo era una práctica financiera, sino una herramienta poderosa para forjar la resiliencia. Su mentor en la sombra le aconsejó: "Los ahorros son tu escudo contra la adversidad financiera, Ytur. Cuanto más fuerte sea, más protegido estarás ante las tormentas del futuro".

Este capítulo, por tanto, se convirtió en un viaje hacia la construcción de esa fortaleza financiera. Cada palabra escrita era un ladrillo adicional para las murallas que protegerían sus sueños y ambiciones. Pero, ¿cómo construir ese escudo mágico?

Consultó en la biblioteca mágica y encontró la siguiente fórmula:

Fórmula Única para Escudo de Garantía Óptima (FUEGO)

F = Fundamentos Financieros Resilientes

U = Unificación de Metas y Estrategias

E = Evaluación Constante de Riesgos y Oportunidades

G = Generación Continua de Ingresos Pasivos

O = Optimización de Gastos y Ahorros

Esta fórmula mágica, cuando se aplica con intención y disciplina, invoca un poderoso escudo financiero que protege contra las incertidumbres del mañana. Fundamentada en principios sólidos, esta magia financiera proporciona una guía para la construcción de un futuro próspero y seguro. ¡Que la magia del FUEGO ilumine tu camino hacia la seguridad financiera!

La aplicación que se había convertido en su guía en este viaje se transformó ahora en la herramienta de construcción principal. Proporcionaba precisiones detalladas sobre cómo cimentar esta fortaleza financiera. Ytur, como arquitecto de su propio destino, dedicó tiempo a explorar diversas opciones de ahorro, desde cuentas de interés elevado hasta inversiones a largo plazo.

Cada elección se volvió estratégica, con la visión de forjar una defensa que no solo resistiría los embates del presente, sino que también crecería con el tiempo. La diversificación se convirtió en su varita mágica, dispersando sus ahorros en diferentes instrumentos financieros como quien esparce polvo de hadas para obtener protección integral.

Las noches se volvieron momentos de reflexión, mientras ajustaba las piedras angulares de su fortaleza financiera. Ytur tomó cada consejo de Samuel Fintech como un mantra, recordándose a sí mismo la importancia de cada moneda que depositaba en su hucha de ahorros. Cada vez que la tentación de gastar en caprichos momentáneos llamaba a su puerta, visualizaba las murallas de su futuro, fortalecidas por su capacidad para resistir la urgencia del presente.

Con el tiempo, su escudo financiero creció, abarcando no solo emergencias inesperadas sino también metas a largo plazo. Cada contribución se convirtió en un hechizo, encantando su futuro con una seguridad que iba más allá de las fluctuaciones económicas. Este no era solo un acto de ahorrar; era una obra maestra de construcción, una creación artística que simbolizaba su compromiso con la prosperidad a largo plazo.

El arte de ahorrar no solo proporcionó una defensa, sino también una sensación de empoderamiento. Ytur se dio cuenta de que cada decisión de ahorro era un acto de autodeterminación, una afirmación de su control sobre su destino financiero. Era la capacidad de moldear su futuro, no solo reaccionar ante él.

A medida que su fortaleza financiera crecía, Ytur se sumergía en la exploración de nuevas fronteras en su viaje hacia la verdadera riqueza. Con su escudo de ahorros como un compañero fiel, estaba listo para enfrentar el futuro con confianza y seguridad.

El siguiente capítulo marcaría un giro en su odisea financiera, llevándolo a territorios inexplorados donde desafíos emocionantes y revelaciones asombrosas esperaban. El escudo del ahorro no solo sería su protector contra las tormentas, sino también la llave que abriría puertas hacia la próxima fase de su viaje. La intriga crecía con cada paso que Ytur daba, siendo su viaje aún más fascinante y lleno de sorpresas.

8 LA DANZA DE LAS INVERSIONES

Con el escudo del ahorro resguardando su futuro, Ytur se sintió listo para embarcarse en una nueva fase de su viaje hacia la verdadera riqueza: la danza cautivadora de las inversiones. Adentrarse en el emocionante mundo de las finanzas se presentaba como un desafío intrigante, donde la clave era comprender la danza sutil entre riesgo y recompensa.

Las inversiones, como un baile elegante, exigían gracia, conocimiento y, sobre todo, una buena dosis de audacia. Ytur se sumergió en la vastedad de opciones, desde acciones y bonos hasta bienes raíces y fondos mutuos. Cada clase de inversión era un paso en la coreografía financiera, y Ytur estaba ansioso por aprender cada movimiento.

Su primera incursión fue en el mundo volátil de las acciones. Observó cómo los valores subían y bajaban, como una danza frenética de números en una pantalla. Samuel Fintech, su guía en este recorrido, le ofreció consejos sabios.

—Las acciones son como bailar con el viento, Ytur. Pueden llevarte a alturas emocionantes, pero también debes estar preparado para las ráfagas inesperadas.

Con estas palabras en mente, Ytur se aventuró con cautela en el mercado de valores. Estudió las tendencias, analizó informes financieros y, gradualmente, comenzó a tomar decisiones informadas. Cada compra y venta era un paso en la danza de las acciones, una interpretación cuidadosa de los movimientos del mercado.

Pronto, se encontró intrigado por el mundo de los bonos. Estos instrumentos financieros eran como una danza más lenta y estable, ofreciendo rendimientos predecibles. Ytur diversificó su cartera, equilibrando el frenesí de las acciones con la estabilidad de los bonos, creando así una coreografía financiera más armoniosa.

La danza de las inversiones también lo llevó al vasto escenario de los bienes raíces. Exploró propiedades comerciales y residenciales, cada una con su propia historia y potencial de crecimiento. Cada adquisición de propiedad era un paso firme en la danza de los bienes raíces, donde el valor podía crecer con el tiempo como una melodía que mejora con cada repetición.

La diversificación se convirtió en el ritmo constante de su cartera de inversiones. Comprendió que, al igual que una danza bien coreografiada, equilibrar diferentes activos y clases de inversiones era esencial para mitigar riesgos y maximizar rendimientos.

La danza de las inversiones también le enseñó la importancia de la paciencia y la resistencia. A veces, el mercado podía ser como una pista de baile caótica, pero mantener la compostura y seguir el ritmo era clave. Samuel Fintech le recordó:

—La verdadera maestría en la danza de las inversiones radica en la capacidad de mantener la calma incluso cuando la música se vuelve frenética. Hay que ser como el agua y aquí la siguiente fórmula:

Fórmula Aquietadora para la Danza de las Inversiones (AGUA)

A = Análisis Sereno de Oportunidades y Riesgos

G = Gestión Pacífica de Portafolio

U = Uso Reflexivo de Estrategias

A = Adaptación Fluida a Cambios del Mercado

Esta fórmula AGUA invoca la esencia tranquila y serena necesaria para la maestría en la danza de las inversiones. Al mantener la calma y fluir como el agua, uno puede sortear las fluctuaciones del mercado con gracia y sabiduría. ¡Que la magia del AGUA guíe tu danza hacia el éxito financiero!

Ytur absorbió estas lecciones, cada una de sus inversiones resonando como una nota única en la sinfonía de su cartera. Cada riesgo tomado, una elegante zancada en el baile financiero.

A medida que avanzaba en su viaje, Ytur se dio cuenta de que, al igual que en cualquier danza, las inversiones requerían práctica constante y un aprendizaje continuo. Se comprometió a pulir sus habilidades, a mejorar su capacidad para leer las señales del mercado y a perfeccionar la coreografía de su cartera.

No obstante, también comprendió que, en la danza de las inversiones, siempre había nuevas coreografías por explorar. No todo se trataba de acciones y bonos; había ritmos más exóticos, como los fondos mutuos y los productos derivados, que añadían una capa adicional de complejidad a su repertorio financiero.

La danza de las inversiones se convirtió en una expresión artística de su inteligencia financiera. Cada movimiento calculado era un paso hacia la prosperidad, y cada giro inesperado le recordaba que, en la danza financiera, la improvisación era tan esencial como la preparación.

El siguiente acto en la danza de las inversiones llevó a Ytur hacia un campo aún más desafiante: los fondos mutuos. Estos vehículos de inversión colectiva ofrecían una mezcla de activos gestionados por profesionales, y Ytur los veía como una oportunidad de expandir su repertorio.

Investigó minuciosamente diferentes fondos mutuos, evaluando sus historiales de rendimiento, estrategias de gestión y tasas de gastos. Como un bailarín que ensaya meticulosamente cada paso, Ytur estaba decidido a elegir fondos que armonizaran con sus objetivos financieros.

Al invertir en fondos mutuos, Ytur se unió a una sinfonía colectiva de inversores, todos compartiendo el mismo escenario financiero. Cada unidad de participación que adquiría era como una nota en la partitura, contribuyendo a la melodía general del fondo.

El análisis detenido y las decisiones calculadas eran las herramientas principales en su caja de herramientas de inversiones. A medida que ampliaba su enfoque más allá de las acciones individuales, Ytur se sentía más seguro y preparado para enfrentar los giros y vueltas del mercado.

Con el tiempo, las inversiones en fondos mutuos no solo le proporcionaron rendimientos atractivos, sino también una lección valiosa: la importancia de la colaboración. En el mundo financiero, la capacidad de alinearse con los objetivos de otros inversores y aprovechar la experiencia colectiva era una táctica poderosa.

A medida que avanzaba en su exploración de las inversiones, Ytur se encontró también intrigado por los productos derivados. Estos instrumentos financieros complejos eran como pasos de baile avanzados, requiriendo un mayor nivel de destreza y comprensión.

Se sumergió en el estudio de opciones y futuros, comprendiendo cómo podrían utilizarse para gestionar riesgos o aprovechar oportunidades específicas del mercado. Al igual que un bailarín que perfecciona movimientos avanzados, Ytur buscaba entender los matices de los productos derivados y aplicarlos de manera estratégica en su cartera.

El viaje de Ytur en la danza de las inversiones estaba lejos de ser estático. Cada nueva clase de activo y cada estrategia avanzada eran como pasos adicionales en su coreografía financiera. La danza de las inversiones, con sus ritmos cambiantes y movimientos complejos, se convirtió en una expresión vibrante de su habilidad para navegar en el mundo financiero.

En su búsqueda por dominar la danza de las inversiones, Ytur también descubrió la importancia de la educación continua. Participó en seminarios, leyó libros especializados y se conectó con expertos en la materia. Como cualquier bailarín que busca perfeccionar su arte, Ytur entendió que la excelencia en las inversiones requería un compromiso constante con el aprendizaje.

El baile financiero llevó a Ytur a nuevos escenarios y desafíos. Aprendió a bailar con la incertidumbre, a hacer piruetas alrededor de las crisis económicas y a encontrar la armonía incluso en los momentos más volátiles. La danza de las inversiones, con su mezcla única de riesgo y recompensa, se convirtió en una parte integral de su búsqueda de la verdadera riqueza.

Con cada movimiento, Ytur ganaba confianza en su capacidad para navegar en este fascinante terreno. La danza de las inversiones, una vez desconocida y misteriosa, se había convertido en una expresión artística que enriquecía su vida financiera.

En el próximo capítulo, Ytur se enfrentará a desafíos aún mayores en su viaje hacia la verdadera riqueza. La danza de las inversiones había sido un capítulo emocionante, pero el telón se alzaría para revelar nuevas etapas en su camino financiero.

9 RIESGO Y RECOMPENSA

En el emocionante viaje de Ytur hacia la verdadera riqueza, una nueva figura se presentó en su horizonte financiero: Andrea, una experimentada guía financiera y mentora que sería la arquitecta de su comprensión del riesgo y la recompensa en el mundo de las inversiones.

Andrea, una mujer de aspecto sabio con canas que denotaban experiencia, llevaba consigo la distinción de una ajedrecista maestra. Su mirada era aguda, y su presencia transmitía la tranquilidad de alguien que había navegado por los intrincados movimientos del tablero financiero. Se encontraron en un café acogedor, un lugar elegido por Andrea para establecer un ambiente propicio para las revelaciones financieras.

—Ytur, me alegra que estés aquí. He oído hablar de tu viaje hacia la verdadera riqueza y estoy aquí para guiarte a través de la danza entre riesgo y recompensa en el mundo de las inversiones.

Andrea comenzó presentándose como una estratega financiera con décadas de experiencia. Habló de sus propias victorias y derrotas en el juego de las inversiones, transmitiendo no solo conocimiento, sino también la sabiduría adquirida a través de los años.

—He pasado por momentos de euforia cuando mis movimientos fueron impecables y también por momentos de reflexión cuando las lecciones eran más duras. Cada experiencia, cada inversión, ha contribuido a mi comprensión del delicado equilibrio entre riesgo y recompensa.

La metáfora del ajedrez, que Andrea introdujo anteriormente, fue explorada aún más. Se describió a sí misma como una jugadora que había enfrentado todas las complejidades del juego financiero, una estratega que había aprendido a anticipar los movimientos del mercado como una ajedrecista anticipa los movimientos de su oponente.

—Cada inversión es una jugada, y cada jugada implica riesgos y recompensas. Mi objetivo es ayudarte a entender no solo cómo mover tus piezas en el tablero financiero, sino también cómo evaluar las posibles consecuencias.

Andrea compartió anécdotas de inversiones que habían prosperado gracias a una evaluación sólida del riesgo y movimientos estratégicos bien ejecutados. Pero también habló con sinceridad sobre inversiones que no habían salido según lo planeado, destacando la importancia de aprender de los errores.

—No busco que evites el riesgo, Ytur. Busco que lo entiendas, lo respetes y aprendas a usarlo a tu favor. En el ajedrez, como en las inversiones, no hay garantías, pero cada movimiento es una oportunidad para aprender y crecer.

Andrea guió a Ytur a través de las complejidades de la diversificación, comparándola con la distribución estratégica de las piezas en el tablero de ajedrez. Explicó cómo, al igual que una ajedrecista cuidadosa protege su reina, Ytur debía proteger sus ahorros mediante una diversificación cuidadosa de sus inversiones.

—La diversificación no solo te brinda seguridad, sino que también te permite aprovechar diferentes oportunidades en el juego financiero. Al igual que en el ajedrez, no querrás quedarte sin movimientos.

La conversación entre Ytur y Andrea se desarrolló como una partida de ajedrez, con cada palabra siendo una jugada estratégica. Andrea reveló la importancia de entender los diferentes tipos de riesgo, desde el riesgo sistémico hasta el riesgo específico de una inversión.

—En el ajedrez, estudias a tu oponente. En las inversiones, estudias el mercado y las empresas en las que estás interesado. La información es tu mejor arma en ambos casos.

Andrea enfatizó la necesidad de analizar informes financieros, estudiar tendencias del mercado y comprender la salud económica de las empresas en las que Ytur podría invertir. Con el tiempo, estas habilidades se convertirían en sus herramientas más valiosas en el juego financiero.

—Recuerda, Ytur, el riesgo es inherente, pero tu habilidad para evaluarlo y trabajar con él determinará tu éxito en este juego.

Con la partida de ajedrez en mente, Andrea y Ytur exploraron el concepto del horizonte temporal. Andrea destacó cómo entender el tiempo en el juego financiero era como anticipar los movimientos de un oponente en el ajedrez. Un horizonte temporal claro permitiría a Ytur ajustar su estrategia y tomar decisiones informadas.

—No hay una talla única en las inversiones, así como no hay una estrategia única en el ajedrez. Tu horizonte temporal te dirá si debes moverte con rapidez y agilidad o adoptar un enfoque más paciente y estratégico.

La presentación de Andrea se convirtió en una guía completa sobre el arte de comprender y navegar el riesgo en las inversiones. Mientras se despedían, Andrea compartió una última reflexión.

—Recuerda, Ytur, cada inversión es una jugada en este juego infinito. Aprende de cada movimiento, ajusta tu estrategia y, sobre todo, disfruta del emocionante viaje hacia la verdadera riqueza.

Con estas palabras, Ytur se sintió empoderado y listo para aplicar las lecciones de Andrea en su propio viaje financiero, armado con conocimiento fresco y una comprensión más profunda de cómo equilibrar riesgo y recompensa.

10 DESAFÍOS EN EL HORIZONTE

En el emocionante viaje de Ytur hacia la verdadera riqueza, el décimo capítulo se abría como un horizonte lleno de desafíos. Aunque el camino hasta ahora había sido una mezcla de descubrimientos y éxitos, ahora se presentaban pruebas que pondrían a prueba su determinación y resiliencia.

El sol brillaba en el cielo, pero en el horizonte, se vislumbraban nubarrones de incertidumbre. Ytur, con su mochila llena de conocimientos y sus herramientas mágicas en la mano, se encontraba en el umbral de nuevos obstáculos que podrían desviar su rumbo. Samuel Fintech, siempre presente en su viaje, lo había advertido: "La senda hacia la libertad financiera no está exenta de desafíos, Ytur. Pero cada desafío es una oportunidad disfrazada".

El primer desafío se presentó en la forma de una recesión económica que afectó a los mercados. Los valores de las acciones cayeron, y la inquietud se extendió por el Laberinto Financiero. Era un momento en el que muchos buscadores de la verdadera riqueza se enfrentaban a decisiones difíciles.

Ytur, armado con las enseñanzas de Andrea, entendió que en medio de la adversidad yacía una oportunidad. En lugar de ceder al pánico, ajustó su estrategia de inversión, utilizando la recesión como una oportunidad para adquirir activos a precios más bajos. Fue un momento de prueba que demostró su capacidad para aplicar sabiamente los conocimientos adquiridos.

El segundo desafío se presentó en su vida personal. Una emergencia de salud impactó su presupuesto y su capacidad para mantener su ritmo de ahorro. Aquí, el arte del presupuesto que Ytur había perfeccionado se convirtió en su baluarte. Cada aportación asignada a emergencias demostró ser una inversión en su propia seguridad y bienestar.

La crisis de salud, aunque inesperada, también resaltó la importancia de tener un escudo de ahorros robusto. Las cuentas de ahorro destinadas a situaciones imprevistas sirvieron como un salvavidas financiero, permitiéndole enfrentar la tormenta con mayor calma.

El tercer desafío surgió de un cambio en las regulaciones fiscales, lo que impactó la forma en que Ytur había estructurado algunas de sus inversiones. Aquí, la paciencia y la adaptabilidad se convirtieron en sus aliados. En lugar de resistirse al cambio, Ytur revisó su estrategia fiscal con la ayuda de asesores expertos, buscando nuevas oportunidades en medio de la transformación.

Cada desafío enfrentado por Ytur en este capítulo reveló no solo sus habilidades financieras, sino también su crecimiento personal. Aprendió a convertir los obstáculos en oportunidades y a aplicar la magia de la resiliencia en su viaje hacia la verdadera riqueza.

Samuel Fintech, apareciendo como una figura sabia en estos momentos críticos, compartió palabras de aliento. "Cada desafío superado, Ytur, te acerca un paso más a la libertad financiera. No te olvides de que, al igual que los magos enfrentan monstruos para obtener tesoros, tú enfrentas desafíos para alcanzar la riqueza que buscas".

A medida que el sol se ponía en este capítulo de desafíos, Ytur reflexionó sobre las lecciones aprendidas y las habilidades adquiridas. Los obstáculos no eran meras interrupciones en su camino, sino piedras de afilar que pulían su determinación y habilidades financieras.

Ytur avanzaría con la experiencia de estos desafíos superados, listo para enfrentar nuevos horizontes y continuar su búsqueda de la verdadera riqueza. El viaje no era solo sobre acumular riquezas materiales, sino también sobre forjar un espíritu resiliente capaz de enfrentar cualquier desafío con gracia y sabiduría.

11 TENTACIONES Y DECISIONES CRUCIALES

Sirena, con su actitud efervescente y su amor por las experiencias emocionantes, encarnaba la tentación en su forma más seductora. Su cabello ondeaba como las olas de la tentación, y sus ojos brillaban con la chispa de la espontaneidad. Cada interacción con Sirena estaba cargada de la promesa de gratificación instantánea, una invitación a sumergirse en la corriente de la indulgencia sin preocuparse por las consecuencias futuras.

Ella era como una sirena llamando desde las aguas peligrosas de decisiones impulsivas, un eco de placer inmediato que a veces chocaba con el enfoque de Ytur hacia la verdadera riqueza.

—Ytur, ¡deberías venir conmigo a este viaje espontáneo! Será una aventura inolvidable, ¡te lo prometo! —Sirena lanzó su propuesta con entusiasmo, como si las palabras fueran burbujas de emoción listas para estallar.

Ytur, sopesando las palabras de Sirena, se encontró debatiendo entre la llamada de la aventura y su compromiso con la construcción de su futuro financiero.

—Sirena, sé que suena increíble, pero estoy enfocado en mis metas financieras a largo plazo. Este viaje podría ser tentador, pero creo que es importante para mí mantener la disciplina financiera. ¿No crees que hay maneras de disfrutar y también ser financieramente responsables?

La presentación de Sirena fue magnética. Su entusiasmo por la vida sin preocupaciones y su habilidad para encontrar placer en cada momento la convertían en una figura fascinante. Era una narradora apasionada de historias, pintando cuadros vivos de las experiencias que ella consideraba esenciales para una vida bien vivida.

En este momento crítico, Ytur se encontró en una encrucijada. Por un lado, la tentación de aventurarse en el viaje prometía emociones y experiencias únicas. Por otro lado, su compromiso con la construcción de su futuro financiero se alzaba como una guía sólida en medio de las olas tentadoras.

—Ytur, entiendo que quieras ser responsable y todo eso, pero a veces necesitas vivir el momento. La vida es corta, ¡y este viaje podría ser la oportunidad de tu vida!

Retirándose a la tranquilidad de sus pensamientos, Ytur reflexionó sobre las lecciones aprendidas en el Laberinto Financiero y a lo largo de su viaje. Recordó las palabras sabias de Samuel Fintech sobre la importancia de encontrar el equilibrio entre disfrutar del presente y asegurar el futuro.

—Sirena, sé que valoras la espontaneidad, y yo también. Pero creo que hay maneras de disfrutar el presente sin comprometer mi futuro financiero. ¿Qué tal si encontramos experiencias emocionantes que se alineen con mis metas financieras?

Con una determinación renovada, Ytur eligió resistir la tentación del viaje espontáneo. Decidió que, aunque la idea era tentadora, priorizar sus metas financieras a largo plazo era esencial para la verdadera riqueza que buscaba. Se dio cuenta de que cada decisión, incluso aquellas aparentemente pequeñas, contribuía al tejido de su futuro financiero.

—Ytur, eres demasiado serio. Pero bueno, es tu elección. Yo voy a disfrutar de este viaje al máximo. ¡Te contaré todo sobre él cuando regrese!

La conversación franca con Sirena fue el siguiente paso. Compartió abiertamente sus metas y la importancia que asignaba a sus objetivos financieros. Explicó cómo cada elección, incluso las más aparentemente insignificantes, afectaba el camino hacia la verdadera riqueza que estaba trazando. Si bien Sirena inicialmente no entendió completamente la perspectiva de Ytur, pudo comprender la importancia que él otorgaba a sus metas financieras y respetó su elección.

Este episodio no solo fue una prueba de las habilidades financieras de Ytur, sino también un ejercicio de comunicación efectiva y manejo de relaciones. Aprendió que compartir sus metas financieras con aquellos que lo rodeaban podía construir un círculo de apoyo que lo ayudaría a resistir las tentaciones y mantenerse enfocado en su camino.

La historia continuó con más escenarios tentadores presentados por Sirena, desde oportunidades de inversión dudosa hasta compras impulsivas. Cada vez, Ytur se encontraba frente a decisiones cruciales. Aprendió a evaluar las opciones desde una perspectiva holística, considerando no solo el impacto inmediato en su bienestar, sino también la repercusión a largo plazo en sus objetivos financieros.

—Ytur, he encontrado una oportunidad de inversión que parece increíble. ¡Podríamos ganar mucho dinero!

—Sirena, entiendo que puede ser tentador, pero necesito asegurarme de que cualquier inversión esté alineada con mi tolerancia al riesgo y mis metas a largo plazo. ¿Has investigado lo suficiente sobre esta oportunidad?

Las decisiones cruciales de Ytur no solo eran una forma de resistir las tentaciones, sino también un medio para fortalecer su autodisciplina y enfoque. A medida que superaba estos desafíos, su confianza en su capacidad para tomar decisiones informadas crecía.

Este capítulo de tentaciones y decisiones cruciales marcó una etapa significativa en el viaje de Ytur hacia la verdadera riqueza. Cada elección tomada no solo reflejaba su compromiso con sus objetivos financieros, sino también su capacidad para resistir las seducciones momentáneas en pos de una recompensa a largo plazo. En el próximo capítulo, Ytur se embarcaría en una nueva fase de su viaje, llevando consigo las lecciones aprendidas y enfrentándose a desafíos que pondrían a prueba su determinación y resiliencia.

12 LA RESISTENCIA DE YTUR

A medida que Ytur avanzaba en su camino hacia la verdadera riqueza, se encontró con un nuevo desafío: la resistencia social y las distracciones que intentaban desviar su enfoque. Este capítulo explorará cómo Ytur fortaleció su resistencia, enfrentándose a las presiones externas mientras mantenía firme su determinación de alcanzar sus metas financieras.

La resistencia, en el contexto financiero, se convirtió en una virtud fundamental para Ytur. A medida que sus logros y conocimientos crecían, también lo hacía la atención que recibía de su entorno. Amigos, familiares y conocidos comenzaron a notar su éxito y, en algunos casos, expresaron opiniones diversas sobre sus elecciones financieras.

—Ytur, ¿realmente piensas que todo este enfoque en ahorrar e invertir vale la pena? Podrías estar disfrutando más del presente, ¿no crees? —preguntó su primo Andrés durante una reunión.

Ytur sonrió, consciente de la buena intención detrás de la pregunta. —Andrés, entiendo que cada uno tiene su propio camino. Para mí, la verdadera riqueza va más allá de las experiencias momentáneas. Es sobre construir un futuro sólido y duradero.

Su familia, preocupada por su bienestar inmediato, no siempre comprendía la visión a largo plazo de Ytur. Intentaron persuadirlo de que disfrutara más del presente y se permitiera ciertos lujos. Sin embargo, Ytur, recordando las lecciones del Laberinto Financiero, se mantuvo firme en su convicción de que la paciencia y la disciplina financiera eran esenciales para alcanzar sus metas.

—Hijo, entiendo que quieras asegurar tu futuro, pero no descuides las alegrías del presente. ¿Realmente necesitas ser tan frugal todo el tiempo? —

comentó su madre durante una visita familiar.

Ytur tomó la mano de su madre con cariño. —Mamá, sé que es difícil de entender a veces, pero estoy construyendo algo que no solo beneficiará mi vida, sino también la de ustedes. Quiero asegurarme de que todos tengamos una base sólida.

En medio de las distracciones sociales, también enfrentó la tentación de participar en actividades que podrían desviar sus recursos y energía. Las oportunidades para gastar en experiencias momentáneas, aunque tentadoras, amenazaban con socavar el progreso que había logrado en su viaje hacia la verdadera riqueza.

—Vamos, Ytur, esta es una oportunidad única. ¿De verdad quieres perdértela por preocuparte tanto por el futuro? —insistió su amiga Sirena, tratando de persuadirlo.

Ytur reflexionó por un momento antes de responder con firmeza. —Sirena, aprecio tu entusiasmo, pero mis prioridades están en construir una base financiera sólida. No puedo permitirme distracciones en este momento.

La presión para conformarse con las expectativas sociales a menudo aumentaba, y Ytur se encontraba lidiando con la tensión entre la participación en eventos de alto perfil y su deseo de mantenerse enfocado en sus metas financieras.

—Ytur, todos tus amigos están yendo a este exclusivo evento. ¿No te sentirás excluido si no vas? —le preguntó su primo Andrés.

Ytur reflexionó sobre la idea antes de responder con serenidad. —Andrés, aprecio la invitación, pero estoy concentrado en construir mi futuro financiero. No me preocupa perderme algunos eventos ahora si eso significa un futuro más sólido.

La resistencia de Ytur no solo se manifestaba en sus decisiones financieras, sino también en la comunicación efectiva de sus prioridades. Aprendió a expresar sus metas y la importancia que asignaba a su viaje financiero, estableciendo límites que le permitían proteger su enfoque.

—Ytur, si no aprovechas esta oportunidad ahora, ¿cómo sabes que habrá un futuro para disfrutar? —le dijo su hermana Valeria, preocupada por lo que percibía como renuncias innecesarias.

Ytur, con calma, respondió: —Valeria, entiendo tus preocupaciones, pero estoy construyendo algo duradero. Esta resistencia no es solo para mí, sino para todos nosotros. Creo en un futuro donde podamos disfrutar no solo el presente, sino muchos momentos más en los años venideros.

Otro desafío importante vino en forma de oportunidades de inversión que prometían rendimientos rápidos pero con un riesgo significativo. La tentación de obtener beneficios instantáneos a menudo seducía a aquellos que buscaban resultados rápidos. Sin embargo, Ytur, fortalecido por las lecciones sobre riesgo y recompensa, se mantuvo cauteloso y optó por enfoques de inversión más alineados con su tolerancia al riesgo y objetivos a largo plazo.

—Ytur, esta inversión tiene el potencial de duplicar tu dinero en seis meses. ¿Por qué no aprovechar la oportunidad? —le sugirió su colega de trabajo, Carlos.

Ytur, sopesando las opciones, respondió con calma. —Carlos, aprecio tu consejo, pero prefiero invertir de manera más cautelosa. La verdadera riqueza se construye con el tiempo y la consistencia.

Cada interacción social y tentación financiera fortalecieron la resistencia de Ytur. Aprendió a discernir entre las expectativas externas y sus metas internas, tomando decisiones basadas en una comprensión profunda de su propio camino hacia la verdadera riqueza.

El apoyo también se convirtió en una parte crucial de su resistencia. Encontró aliados y mentores que compartían su visión y lo alentaban en momentos de duda. Estos vínculos le proporcionaron una red de apoyo que le permitió enfrentar las presiones sociales y mantenerse enfocado en sus metas financieras.

Con el tiempo, la resistencia de Ytur no solo se volvió una barrera contra las distracciones y las presiones externas, sino también una fuerza que lo impulsaba hacia adelante. Cada desafío superado, cada decisión informada tomada, contribuyó a la construcción de una base sólida para su futuro financiero.

13 VISLUMBRANDO EL HORIZONTE

En el viaje de Ytur hacia la verdadera riqueza, se produjo un giro emocionante. Después de años de aprendizaje, aplicación disciplinada de conocimientos y la resistencia a las tentaciones, Ytur comenzó a vislumbrar el horizonte de posibilidades financieras. Este capítulo marca un momento de optimismo y confianza, ya que Ytur ve el fruto de sus esfuerzos hasta ahora.

El camino hacia el horizonte financiero comenzó a despejarse a medida que Ytur se encontró cosechando los beneficios de sus decisiones y acciones pasadas. Las inversiones cuidadosamente seleccionadas y los ahorros disciplinados comenzaron a dar sus frutos. La estabilidad financiera se manifestó en forma de cuentas de ahorro crecientes y carteras de inversión saludables.

Un día, mientras revisaba sus estados financieros, Ytur se dio cuenta de que había alcanzado ciertos hitos que antes solo había imaginado. Sus ahorros superaban sus expectativas, y las inversiones que había hecho con precaución ahora le proporcionaban un flujo constante de ingresos. Era un testimonio de su resistencia y dedicación.

El horizonte financiero de Ytur no solo estaba marcado por los números en sus cuentas, sino también por una sensación de seguridad y libertad. Se dio cuenta de que tenía más opciones, más control sobre su vida y más capacidad para hacer frente a los desafíos inesperados.

Sin embargo, este horizonte no llegó sin sus propios desafíos. En el camino, Ytur tuvo que superar la presión social, resistir las distracciones y tomar decisiones cruciales. Personajes como Samuel Fintech, Andrea y Sirena desempeñaron papeles cruciales en su viaje, brindándole orientación, apoyo y, a veces, desafíos que pusieron a prueba su determinación.

—Ytur, veo que has llegado lejos en tu viaje financiero. ¿Cómo te sientes ahora que estás vislumbrando el horizonte? —preguntó Samuel Fintech durante una de sus reuniones.

Ytur reflexionó antes de responder: —Es un sentimiento increíble, Samuel. Pero también sé que este horizonte es solo el comienzo. Todavía hay mucho por aprender y explorar.

—Exacto, Ytur. La verdadera riqueza va más allá de las cifras. Es la capacidad de usar tu conocimiento y recursos para crear un impacto positivo en tu vida y en la vida de los demás —añadió Samuel con sabiduría.

Estos diálogos entre Ytur y Samuel agregaron una dimensión más profunda a su viaje financiero. Samuel, como mentor, no solo compartió conocimientos prácticos, sino también perspectivas sobre la verdadera esencia de la riqueza. Esta interacción ilustró cómo las relaciones significativas y los consejos sabios pueden enriquecer la experiencia financiera.

Andrea, la experta financiera que conoció en una conferencia, se convirtió en su mentora, proporcionándole información valiosa sobre cómo mantener y hacer crecer su riqueza. Los diálogos entre Ytur y Andrea revelaron estrategias avanzadas, tácticas de inversión y consejos prácticos que le ayudaron a perfeccionar sus habilidades financieras.

—Ytur, el horizonte financiero no es un destino final, sino un punto desde el cual puedes explorar nuevas posibilidades y continuar creciendo —le dijo Andrea en una de sus conversaciones.

Estas palabras resonaron en la mente de Ytur mientras evaluaba su viaje hasta ahora. Había alcanzado un horizonte, pero sabía que aún quedaba mucho por explorar y descubrir en el vasto territorio financiero. La visión de su futuro financiero estaba clara, pero entendió que debía seguir educándose, adaptándose a los cambios económicos y manteniendo una mentalidad abierta para seguir prosperando.

Con el horizonte frente a él, Ytur se comprometió a seguir aprendiendo, a enfrentar nuevos desafíos y a continuar construyendo la vida financiera que deseaba. Mientras miraba hacia adelante, no solo veía cifras y activos, sino también oportunidades para hacer una diferencia en su vida y en la vida de los demás.

En el próximo capítulo, Ytur explorará cómo puede utilizar su riqueza y conocimientos financieros para contribuir al bienestar de su comunidad y dejar un legado duradero. La narrativa de su viaje financiero se expandirá más allá de las cifras y estrategias, explorando el impacto positivo que puede tener en el mundo que lo rodea.

14 DE LA PLANIFICACIÓN A LA ACCIÓN

Tras años de aprendizaje, resistencia y crecimiento, Ytur llegó a un punto crucial en su viaje hacia la verdadera riqueza. Había absorbido conocimientos valiosos, había perfeccionado el arte del presupuesto, había construido un escudo financiero sólido y había explorado las complejidades del mundo de las inversiones. Ahora, llegaba el momento de pasar de la planificación a la acción, de convertir sus metas cuidadosamente trazadas en una realidad tangible.

El proceso de planificación había sido esencial en el viaje de Ytur. Había trazado un camino claro y definido hacia sus metas financieras, identificado los obstáculos potenciales y desarrollado estrategias para superarlos. Sin embargo, comprendía que la planificación por sí sola no era suficiente. La ejecución de esos planes era la pieza faltante que transformaría sus sueños en logros concretos.

—Ytur, la planificación es como trazar un mapa detallado de tu viaje, pero ahora debes dar el siguiente paso y comenzar a caminar —aconsejó Samuel Fintech, reconocido por su perspicacia en el mundo financiero.

Con estas palabras resonando en su mente, Ytur se sumergió en la acción. La primera tarea era implementar las estrategias que había ideado durante su fase de planificación. Comenzó por ajustar su presupuesto de manera más específica, asignando fondos de manera estratégica para maximizar su crecimiento financiero.

La danza de las inversiones, que había explorado en capítulos anteriores, se volvió más activa. Ytur diversificó su cartera, considerando cuidadosamente los riesgos y las recompensas de cada movimiento. Se sumergió en el emocionante mundo de las oportunidades de inversión, siempre con una mente analítica y consciente del equilibrio entre riesgo y recompensa.

Andrea, la experta financiera que se había convertido en su mentora, desempeñó un papel crucial en esta transición de la planificación a la acción. Sus diálogos eran una fuente inagotable de sabiduría y experiencia práctica.

—La ejecución precisa es la clave, Ytur. Tienes el conocimiento, ahora es el momento de ponerlo en práctica con determinación —aconsejó Andrea durante una de sus reuniones.

Inspirado por estas palabras, Ytur comenzó a explorar nuevas oportunidades de ingresos. Aprovechó su experiencia y conocimientos para ofrecer servicios de consultoría en el campo financiero, compartiendo sus habilidades con aquellos que buscaban orientación. Esta acción no solo generó ingresos adicionales, sino que también le proporcionó una satisfacción personal al ayudar a otros en su viaje financiero.

La resistencia de Ytur, probada en capítulos anteriores, continuó fortaleciéndose a medida que enfrentaba nuevos desafíos. Se encontró con tentaciones para desviarse de su camino, pero su determinación y el recuerdo de su visión financiera lo mantuvieron en curso.

El capítulo de la resistencia de Ytur fue una fase crucial que lo preparó para la transición de la planificación a la acción. Resistir las distracciones y mantenerse enfocado en sus metas le brindaron la claridad mental necesaria para ejecutar sus planes con éxito.

Sirena, la amiga despreocupada que había intentado arrastrarlo hacia decisiones impulsivas, reapareció en este momento crucial. Sus intentos de persuasión fueron más fuertes que nunca, pero Ytur, con su resistencia fortalecida, pudo resistir las tentaciones y tomar decisiones basadas en la visión a largo plazo.

—Ytur, este podría ser tu último gran gasto antes de centrarte en el ahorro. ¿Por qué no disfrutas un poco ahora? —sugirió Sirena, tratando de minar la determinación de Ytur.

Sin embargo, Ytur respondió con firmeza: —Sé que la verdadera recompensa vendrá cuando alcance mis metas financieras. Estoy comprometido con mi visión y no dejaré que las tentaciones momentáneas me desvíen.

Este intercambio entre Ytur y Sirena destacó la importancia de mantenerse fiel a la visión financiera a largo plazo y resistir las tentaciones que podrían socavar los esfuerzos acumulados con tanto cuidado.

Con la resistencia a las tentaciones y la orientación de sus mentores, Ytur avanzó con confianza hacia la ejecución de sus planes. Cada paso que daba era un paso más cerca de convertir sus metas financieras en una realidad palpable.

Ahora, Ytur enfrenta desafíos específicos durante su fase de acción y éstas experiencias moldean aún más su viaje hacia la verdadera riqueza. Se centrará en la resiliencia, la adaptabilidad y la capacidad de aprender de los errores a medida que avanza en su emocionante viaje financiero.

15 EL VIAJE A LA INVERSIÓN

El viaje de Ytur hacia la inversión se intensificó a medida que se sumergía más profundamente en el fascinante mundo de las oportunidades financieras. Con la firme convicción de que la inversión estratégica sería la clave para hacer crecer su patrimonio, se embarcó en una exploración minuciosa de este reino financiero.

El proceso comenzó con una inmersión profunda en la investigación. Ytur se dedicó a estudiar las tendencias del mercado, a comprender los movimientos económicos globales y a evaluar cuidadosamente las oportunidades y los riesgos asociados con diferentes clases de activos. Era como desentrañar un complicado hechizo financiero, donde cada palabra y símbolo tenían su significado único.

En sus sesiones de investigación, Ytur se encontró con Andrea, quien se convirtió en su guía experta durante esta etapa del viaje. Los diálogos entre Ytur y Andrea se volvieron más frecuentes, y cada conversación era una oportunidad para profundizar en las estrategias de inversión y entender los matices del mercado.

—Ytur, la inversión es un arte tan antiguo como poderoso. Pero al igual que con cualquier forma de magia, requiere conocimiento, paciencia y la habilidad de leer las señales del universo financiero —aconsejó Andrea, compartiendo su experiencia acumulada a lo largo de los años.

Inspirado por estas palabras, Ytur exploró diferentes vehículos de inversión, desde acciones y bonos hasta bienes raíces y fondos mutuos. Cada uno de estos activos tenía su propia magia, su propio conjunto de reglas y movimientos que debía entender para tener éxito en su travesía financiera.

El mercado de valores se convirtió en un terreno de juego intrigante para Ytur. Aprendió a analizar las acciones, a entender los informes financieros de las empresas y a interpretar las tendencias del mercado. Cada gráfico y cada indicador técnico se volvieron herramientas en su caja de magia financiera, permitiéndole tomar decisiones informadas sobre dónde colocar sus recursos.

Andrea, con su conocimiento experto, también lo introdujo en el mundo de los fondos de inversión. Estos fondos, gestionados por profesionales financieros, ofrecían a Ytur la oportunidad de diversificar su cartera sin tener que sumergirse demasiado en los detalles de cada inversión individual.

Uno de los desafíos más emocionantes fue el inmueble. Ytur exploró el arte de invertir en propiedades, aprendiendo sobre los factores que afectan el mercado inmobiliario, la evaluación de la ubicación y las estrategias para obtener rendimientos sostenibles. Cada propiedad se convirtió en una pieza del rompecabezas, una oportunidad única para aumentar su patrimonio neto.

A medida que avanzaba en su viaje de inversión, Ytur también se encontró con desafíos. La volatilidad del mercado y las fluctuaciones de los precios de las acciones lo pusieron a prueba, pero su entrenamiento en el arte de la inversión lo ayudó a mantener la calma y a tomar decisiones fundamentadas incluso en medio de la incertidumbre.

Durante esta fase, Samuel Fintech también hizo su aparición, brindando su perspectiva única sobre el viaje de Ytur.

—La inversión es como una danza, Ytur. A veces, avanzas con gracia, y otras, debes aprender a retroceder. La clave está en seguir moviéndote, adaptándote al ritmo cambiante del mercado —aconsejó Samuel, añadiendo una dimensión filosófica al proceso de inversión.

En sus exploraciones, Ytur se dio cuenta de que la inversión no solo era un acto financiero, sino también una expresión de confianza en el potencial de crecimiento y la capacidad de adaptación. Cada inversión era una apuesta en el futuro, una creencia en que los recursos sembrados hoy cosecharían beneficios en los días venideros.

A medida que el viaje a la inversión avanzaba, Ytur se dio cuenta de que no solo estaba acumulando activos, sino también experiencias valiosas. Cada elección, cada pequeño éxito y cada desafío superado contribuían a su crecimiento como mago financiero.

—Ytur, la inversión es como una danza. Necesitas estar en sintonía con los movimientos del mercado, pero también debes tener tu propio ritmo. —dijo Andrea.

—Sí, Andrea, es como aprender una nueva coreografía. Cada activo tiene su propio paso, y debo asegurarme de no tropezar.

—Exactamente. Pero no olvides la emoción de la danza. La inversión puede ser desafiante, pero también es emocionante cuando ves crecer tu patrimonio.

—A veces me siento abrumado por la cantidad de información. ¿Cómo sabes cuándo es el momento adecuado para entrar o salir?

—Esa es una pregunta crucial. Observa las señales, estudia los patrones y, lo más importante, confía en tu instinto. La experiencia te dará esa intuición con el tiempo.

—¿Y cómo manejas el riesgo? Siempre me preocupa perder lo que he ganado.

—El riesgo es parte del juego, Ytur. Pero también puedes gestionarlo. Diversificar tu cartera y mantener una visión a largo plazo ayudará a suavizar los golpes.

—Gracias, Andrea. Tu consejo es invaluable en este viaje.

Con estas palabras y experiencias, Ytur se embarcó en la siguiente etapa de su viaje hacia la verdadera riqueza, consciente de que la inversión no solo era una ciencia, sino también un arte. En el próximo capítulo, se enfrentará a desafíos aún mayores, pero con cada paso, su dominio de la danza de las inversiones se volverá más refinado y seguro.

16 DESCUBRIENDO TESOROS FINANCIEROS

La búsqueda de Ytur por la verdadera riqueza lo llevó a adentrarse en territorios aún más profundos y misteriosos. Mientras continuaba su viaje, se encontró con tesoros financieros ocultos que prometían transformar su futuro. Este capítulo destaca la importancia de explorar diversas opciones para maximizar el crecimiento económico y descubrir las gemas escondidas en el vasto universo financiero.

Su primera incursión fue en el reino de las cuentas de jubilación. Samuel Fintech, siempre presente como un guía sabio, lo instó a considerar el poder de prepararse para el futuro.

—Las cuentas de jubilación son como cofres mágicos que acumulan tesoros con el tiempo, Ytur. Cada contribución que haces es una inversión en tu bienestar futuro.

Con esta perspicaz orientación, Ytur comenzó a explorar las diferentes opciones de cuentas de jubilación. Desde cuentas 401(k) hasta IRAs, cada una ofrecía una oportunidad única para acumular riqueza de manera constante, aprovechando el interés compuesto y disfrutando de beneficios fiscales.

Andrea, su mentora en el arte de las inversiones, también desempeñó un papel fundamental en esta exploración. Juntos revisaron estrategias para maximizar las contribuciones a las cuentas de jubilación, aprovechando al máximo los límites permitidos por la ley.

—Ytur, la jubilación puede parecer lejana, pero cada paso que tomes hoy te acercará a una vida futura sin preocupaciones financieras. Es un tesoro que merece toda tu atención —aconsejó Andrea, compartiendo su propia visión sobre la planificación del retiro.

A medida que Ytur diversificaba su cartera de inversiones, también se aventuraba en el mundo de las inversiones alternativas. Descubrió la magia de los bienes raíces, explorando la posibilidad de invertir en propiedades comerciales y residenciales. Cada ladrillo y cada pie cuadrado eran una parte esencial de su búsqueda de tesoros ocultos.

Samuel, quien siempre parecía aparecer en los momentos cruciales, compartió su sabiduría:

—Los bienes raíces son como tierras encantadas. Pueden ofrecer rendimientos estables y crecimiento a largo plazo. Explora estas tierras con cuidado, y podrías descubrir tesoros que perdurarán por generaciones.

Ytur, armado con este conocimiento, comenzó a examinar el mercado inmobiliario. Aprendió sobre la importancia de elegir ubicaciones estratégicas, comprender las tendencias del mercado y evaluar el potencial de crecimiento de una propiedad. Con cada análisis, se acercaba un paso más a desbloquear los secretos de esta forma única de inversión.

El siguiente tesoro financiero que Ytur descubrió fue el mundo de los dividendos. La magia de recibir ingresos regulares simplemente por poseer ciertas acciones era fascinante. Andrea le presentó la idea de construir una cartera de acciones orientada a dividendos, donde cada pago de dividendos era un cofre lleno de monedas de oro.

—Ytur, los dividendos son como el néctar de la inversión. Pueden proporcionar flujo de efectivo constante, incluso cuando duermes. Es una forma de generación de riqueza que no debes pasar por alto —explicó Andrea, compartiendo su propia experiencia con carteras centradas en dividendos.

Siguiendo este consejo, Ytur ajustó su estrategia de inversión para incluir acciones de empresas sólidas con historiales consistentes de pago de dividendos. Cada compra se convirtió en una inversión a largo plazo, con la expectativa de cosechar los beneficios no solo del crecimiento del valor de las acciones, sino también de los ingresos pasivos generados por los dividendos.

Con cada tesoro descubierto, Ytur se sentía más confiado en su capacidad para moldear su destino financiero. Pero la exploración no se detuvo aquí. Samuel, Andrea y otros mentores lo alentaron a seguir buscando nuevas oportunidades y a no conformarse con la comodidad de lo conocido.

—La verdadera riqueza no se encuentra solo en un cofre, Ytur. Está en la capacidad de seguir buscando, de adaptarte a los cambios y de aprender constantemente. La exploración es el alma de la prosperidad financiera — compartió Samuel, brindando una perspectiva más profunda sobre el viaje de Ytur.

A medida que este capítulo llega a su fin, Ytur se encuentra en el umbral de un vasto paisaje financiero, con tesoros aún no descubiertos que brillan en el horizonte. La exploración continúa le hará descubrir aún más joyas ocultas en su viaje hacia la verdadera riqueza.

17 EL DESPERTAR DE LA CONCIENCIA FINANCIERA

El despertar de la conciencia financiera llevó a Ytur a profundizar en sus reflexiones y a conectarse más íntimamente con sus valores y objetivos. A medida que avanzaba en su viaje hacia la verdadera riqueza, se encontró reflexionando sobre la importancia de su legado financiero y cómo sus elecciones podrían trascender su propia vida.

Una tarde, mientras contemplaba el atardecer desde su estudio, Ytur escribió en su diario: "La riqueza no es solo una acumulación de recursos. Es la capacidad de influir positivamente en el mundo que me rodea. ¿Cómo puedo usar mi riqueza no solo para mi beneficio, sino para el bienestar de otros y para contribuir a causas que son fundamentales para mí?"

Samuel, el mentor sabio que había guiado a Ytur en todo su viaje financiero, notó la reflexión profunda de Ytur y dijo: "Ytur, la verdadera riqueza no solo se trata de números en una cuenta bancaria. También se trata de cómo influyes en el mundo que te rodea. Tus elecciones financieras tienen el poder de ser fuerzas positivas."

Ytur, con una expresión reflexiva, respondió: "Es verdad, Samuel. Creo que ha llegado el momento de que mi riqueza se alinee más con mis valores y contribuya a causas que realmente importan para mí. Quiero que mi legado vaya más allá de las finanzas personales".

Andrea, la amiga cercana de Ytur, se unió a la conversación y compartió sus propias experiencias en la alineación de sus inversiones con sus valores éticos. "He descubierto que puedo obtener rendimientos significativos y al mismo tiempo contribuir a un mundo mejor. Es inspirador saber que nuestras elecciones financieras pueden marcar la diferencia."

Estos diálogos llevaron a Ytur a considerar la inversión socialmente responsable y la filantropía como componentes esenciales de su viaje financiero. A través de conversaciones más profundas con Samuel y Andrea, comenzó a identificar áreas clave en las que podría hacer una diferencia significativa.

En una de estas conversaciones, Andrea le dijo a Ytur: "La verdadera riqueza no se mide solo en términos de cuánto tienes, sino en cómo impactas positivamente en la vida de los demás. La filantropía puede ser una forma poderosa de hacer precisamente eso".

Empapado en estas conversaciones y reflexiones, Ytur comenzó a trazar un plan para incorporar inversiones éticas y filantropía en su estrategia financiera. Esta decisión no solo cambiaría la dirección de sus inversiones, sino que también daría forma a su visión más amplia de la verdadera riqueza.

En su diario, Ytur registró sus pensamientos finales del día: "Hoy he descubierto que mi viaje financiero va más allá de acumular riqueza personal. Se trata de utilizar mis recursos para construir un mundo mejor. Estoy emocionado por la oportunidad de ser parte de ese cambio".

Este capítulo, más que cualquier otro, marcó un cambio fundamental en la perspectiva de Ytur. Ahora veía la riqueza como una herramienta para la creación de un impacto positivo y el cumplimiento de una misión personal. El viaje hacia la verdadera riqueza se volvió más profundo y significativo, y Ytur avanzó con una determinación renovada y una visión clara de su propósito financiero. De ahora en adelante, enfrentaría nuevos desafíos y oportunidades, pero lo haría con una conciencia financiera más aguda y un corazón comprometido con el bienestar de los demás.

18 EL BRILLO DE LA EDUCACIÓN CONTINUA

Con el ardor de la conciencia financiera encendida en su corazón, Ytur decidió embarcarse en una nueva fase de su viaje hacia la verdadera riqueza: la educación continua. Reconociendo que el conocimiento era la brújula que guiaría sus decisiones financieras, se sumergió en un océano de oportunidades educativas para expandir sus horizontes y fortalecer sus habilidades.

—¿Por qué decidiste sumergirte tan profundamente en la educación financiera? —preguntó Natalio, un experimentado inversor que Ytur conoció durante uno de los seminarios locales.

Ytur sonrió, compartiendo su visión: "Creo que la sabiduría financiera es como un tesoro enterrado. Cuanto más excavas, más joyas encuentras. Quiero desenterrar las gemas ocultas que me acerquen a mi verdadera riqueza".

Inspirado por estas palabras, Natalio compartió su propia experiencia: "La educación es la herramienta más poderosa que puedes tener en tus manos. Te proporciona la capacidad de tomar decisiones informadas y te ayuda a entender las complejidades del mundo financiero".

La educación financiera se convirtió en un ritual diario para Ytur. Comenzaba su mañana con lecturas de libros de expertos financieros y análisis de tendencias del mercado. Durante una de sus exploraciones, se encontró con una cita que lo motivó aún más: "La educación es la llave maestra que puede abrir todas las puertas de la prosperidad".

Samuel Fintech, el sabio mentor de Ytur, también participaba en estas conversaciones educativas. Durante una de sus sesiones de tutoría, Samuel compartió: "La educación continua no solo implica acumular datos, sino entender cómo aplicar ese conocimiento en la vida real. Es la diferencia entre saber y saber hacer".

Impulsado por estas conversaciones y lecciones, Ytur comenzó a aplicar activamente sus conocimientos recién adquiridos. Cada nueva estrategia aprendida se convertía en un tema de discusión con sus amigos y colegas en la comunidad financiera local.

Yolanda, una colega que también participaba en el programa de educación financiera en línea, compartió sus propias experiencias: "La educación me dio la confianza para explorar nuevas oportunidades. Ahora, no solo veo números, sino posibilidades que antes me pasaban desapercibidas".

Los diálogos enriquecedores con sus compañeros de aprendizaje se convirtieron en una parte esencial de su educación continua. Discutir estrategias, analizar escenarios y compartir desafíos fortaleció la comprensión de Ytur sobre la diversidad de enfoques en el mundo financiero.

En una de sus interacciones con Samuel, Ytur expresó sus reflexiones: "La educación no solo me ha dado conocimientos, sino una perspectiva más amplia. Veo las finanzas no solo como un medio para acumular riqueza, sino como una herramienta para construir un futuro significativo".

—Ytur, la educación no solo es adquirir información; es un medio para desarrollar la sabiduría y la visión. ¿Cómo aplicarás este conocimiento para transformar tu vida financiera y, en última instancia, tu vida en su totalidad? —preguntó Samuel, mirándolo con ojos sabios.

Ytur reflexionó sobre la pregunta de Samuel y respondió con sinceridad: "Quiero usar este conocimiento para crear un cambio duradero. No solo quiero acumular riqueza para mí mismo, sino también para impactar positivamente a otros. Quiero ser un agente de cambio en el mundo financiero".

Samuel asintió con aprobación, reconociendo la nobleza de las aspiraciones de Ytur. La educación, en este momento, no solo era una búsqueda personal sino también un medio para forjar un camino de impacto positivo en la comunidad.

Los diálogos enriquecedores y la educación continua abrieron puertas a nuevas oportunidades para Ytur. Comenzó a explorar cursos especializados que le proporcionaron conocimientos más avanzados sobre inversiones, planificación patrimonial y estrategias fiscales.

—La educación no solo se trata de entender el presente, sino de prepararse para el futuro. ¿Cómo visualizas tu camino financiero en los próximos años? —preguntó Andrea durante una de sus sesiones de estudio en grupo.

Ytur compartió su visión con entusiasmo: "Me veo construyendo una cartera diversificada de inversiones, utilizando estrategias avanzadas para maximizar rendimientos y minimizar riesgos. Pero más allá de eso, me veo compartiendo este conocimiento con otros, guiándolos hacia un futuro financiero más sólido".

Los diálogos entre Ytur y sus compañeros de aprendizaje no solo eran un intercambio de información, sino también una fuente de inspiración mutua. Cada uno compartía sus metas, desafíos y logros, creando una red de apoyo que se extendía más allá de las lecciones formales.

Un día, en una de las sesiones de estudio, Sirena, la amiga despreocupada de Ytur, se unió a la conversación. Aunque inicialmente escéptica acerca de la educación financiera, se sorprendió al escuchar las experiencias de Ytur y los demás.

—Nunca pensé que aprender sobre finanzas podría ser tan emocionante y significativo. Estoy considerando unirme a un programa educativo también —dijo Sirena, cambiando su perspectiva.

La educación continua no solo transformó la vida financiera de Ytur, sino que también tuvo un impacto positivo en aquellos que lo rodeaban. La chispa de la sabiduría financiera se propagaba como un fuego en la oscuridad, iluminando mentes y despertando un deseo compartido de crecimiento y prosperidad.

El proceso educativo se volvió tan integral para Ytur que sus jornadas no solo estaban llenas de análisis de datos financieros y estrategias de inversión, sino también de discusiones apasionadas sobre la evolución del panorama económico y las tendencias emergentes.

—La educación es un viaje sin fin. ¿Cómo planeas mantener viva esta llama en el futuro? —preguntó Samuel, reconociendo que la constancia era clave en la educación continua.

Ytur sonrió, consciente de que el aprendizaje era un viaje continuo: "Planeo seguir participando en cursos, seminarios y, lo más importante, seguir dialogando con personas apasionadas por el crecimiento. La educación no es solo lo que aprendes, sino la comunidad que construyes en el proceso".

Samuel asintió con aprobación, sabiendo que Ytur había captado la esencia de la educación continua. El brillo de la sabiduría financiera seguía creciendo en el corazón de Ytur, guiándolo hacia un futuro lleno de posibilidades y contribuciones significativas.

Con cada palabra compartida, cada lección asimilada y cada decisión informada, Ytur avanzaba con confianza y determinación en su viaje hacia la verdadera riqueza. La educación no solo era un medio para un fin, sino un compañero constante que iluminaba su camino y enriquecía su vida de maneras inesperadas. En esta travesía educativa, cada paso era una inversión en sí mismo, y el rendimiento se manifestaba no solo en cifras, sino en el brillo de la comprensión y la promesa de un futuro financiero próspero y significativo.

19 PERSISTENCIA Y ÉXITO

En la fascinante odisea de Ytur hacia el éxito financiero, la persistencia no fue solo una virtud; se convirtió en la chispa que encendió su camino luminoso. Cada desafío, cada escollo en su trayecto, no fue una piedra de tropiezo, sino una oportunidad de pulir su resiliencia y adquirir sabiduría. Este capítulo es un canto a la dedicación inquebrantable y a la voluntad de aprender, elementos que catapultaron a Ytur hacia niveles de prosperidad que solo habitaban en sus sueños más ambiciosos.

En un momento revelador, Ytur participó en una charla motivacional que cambió su perspectiva sobre el éxito. El orador, con una voz llena de sabiduría, compartió una verdad que resonó en lo más profundo de su ser: "El éxito no siempre sigue un camino recto; a menudo, es un sendero sinuoso lleno de subidas y bajadas. La verdadera diferencia radica en cuánto estás dispuesto a persistir".

Este mensaje fue como un bálsamo para el alma de Ytur, reafirmando su compromiso de superar cualquier adversidad que se cruzara en su camino. Inspirado por estas palabras, comenzó a enfrentar sus desafíos con una mentalidad de resiliencia, viendo cada obstáculo como una oportunidad para crecer y perfeccionar sus habilidades.

Uno de los desafíos más formidables que Ytur encontró fue cuando algunas de sus inversiones no cumplieron las expectativas. La tentación de abandonar su estrategia bien planificada y sucumbir a la frustración estaba presente, pero la persistencia actuó como su guardiana, manteniéndolo firme en su camino.

Samuel Fintech, notando la desazón en los ojos de Ytur, le recordó la importancia de la paciencia y la persistencia en el mundo de las inversiones.

—Recuerda, Ytur, cada inversión tiene sus ciclos. Las bajas no son el final; son oportunidades para comprar a precios bajos y esperar la recuperación. La persistencia es la clave en estos momentos —aconsejó Samuel con sabiduría.

Estas palabras resonaron en Ytur como un mantra, y con paciencia y determinación, permitió que el tiempo obrara a su favor. Con el tiempo, esas inversiones que parecían desafiantes al principio comenzaron a mostrar signos de recuperación.

En su búsqueda de la verdadera riqueza, Ytur también se encontró enfrentando obstáculos en su vida personal. La gestión del tiempo se volvió un desafío a medida que se sumergía en la educación continua y ampliaba sus horizontes de inversión. Aquí, la persistencia se manifestó en su disciplina para equilibrar sus responsabilidades profesionales, personales y académicas.

Andrea, notando la carga de Ytur, le brindó un apoyo invaluable. "La persistencia no solo se trata de superar desafíos externos, sino también de mantener el equilibrio interno. Tómate el tiempo necesario para recargar energías y volver con más fuerza", aconsejó.

Ytur aprendió a apreciar la importancia de cuidar su bienestar emocional y físico, reconociendo que la persistencia también implicaba cuidar de sí mismo para poder enfrentar los desafíos con claridad y vigor renovados.

Durante un período en el que las condiciones económicas globales presentaban incertidumbre, Ytur enfrentó la tentación de desviarse de su camino financiero seguro y buscar soluciones rápidas. Sin embargo, su dedicación a un enfoque a largo plazo y su firmeza en sus principios lo llevaron a resistir las corrientes de la incertidumbre.

En una reunión de la comunidad financiera local, Ytur compartió sus experiencias y desafíos. Fue en este foro que conoció a Marta, una exitosa empresaria que había enfrentado y superado crisis económicas. Marta compartió su historia de perseverancia, ilustrando cómo la persistencia la llevó a construir un imperio financiero desde las cenizas de la adversidad.

—La verdadera riqueza no se construye en un día. Requiere tiempo, esfuerzo y, sobre todo, persistencia. Los momentos difíciles son pruebas de fuego que te preparan para un éxito aún mayor —compartió Marta, inspirando a Ytur y a la audiencia.

Este encuentro marcó un hito en la travesía de Ytur. La persistencia dejó de ser simplemente una palabra y se convirtió en una fuerza motriz que lo impulsó hacia adelante. Cada paso, cada decisión, estaba impregnada de la determinación de persistir y avanzar, independientemente de las circunstancias.

En su vida personal, Ytur también se encontró enfrentando decisiones difíciles. La tentación de gastos innecesarios y lujos momentáneos a veces nublaban su juicio financiero. Aquí, la persistencia se convirtió en su brújula moral, recordándole las metas a largo plazo que había establecido.

El diálogo interno de Ytur a menudo involucraba debates internos entre la gratificación instantánea y la satisfacción duradera. La persistencia actuaba como el sabio consejero que le recordaba el valor de mantenerse en el curso, incluso cuando los vientos parecían soplar en dirección contraria.

Un día, en una conversación con su amiga Andrea, Ytur reflexionó sobre la importancia de persistir, incluso cuando los resultados no eran inmediatamente evidentes.

—Es como cultivar un jardín, Andrea. Plantas las semillas, las cuidas con paciencia y, eventualmente, cosechas los frutos. La persistencia es la llave que mantiene viva la esperanza cuando aún no vemos las flores —explicó Ytur.

Andrea asintió con una sonrisa comprensiva, reconociendo la verdad en esas palabras. La analogía del jardín se convirtió en un símbolo de la travesía de Ytur, donde cada elección, cada esfuerzo, contribuía al florecimiento de sus sueños financieros.

El capítulo de la persistencia no solo era una narrativa sobre superar desafíos, sino también sobre aprender a apreciar el proceso. Cada tropiezo, cada victoria, tejía una historia de resiliencia que fortalecía el carácter de Ytur. La persistencia se había convertido en su compañera constante, guiándolo a través de los altibajos con la promesa de un futuro más próspero.

En esta etapa del camino, Ytur se embarcaría en un nuevo horizonte, llevando consigo la lección profunda de que la verdadera persistencia no solo yace en resistir, sino en abrazar cada experiencia como una oportunidad de crecimiento. Con la mirada fija en sus metas, y la persistencia como su aliada eterna, el viaje de Ytur estaba destinado a alcanzar alturas aún mayores. La historia no era solo sobre acumular riqueza; era un testimonio de la fuerza interior que surge cuando la persistencia se convierte en un arte y un camino hacia el éxito duradero.

20 EL CAMINO DE LA DISCIPLINA

En el resplandor dorado de su viaje, Ytur se encuentra ante un capítulo transcendental: el Camino de la Disciplina. Este sendero, más que una travesía, es una danza constante con el universo financiero. Es el arte de moldear el destino a través de elecciones conscientes, de forjar la riqueza con la disciplina como maestra y guía.

Cada día, Ytur se sumerge en el lienzo de su presupuesto, donde la disciplina se convierte en pincel y cada asignación es una pincelada que da forma a su obra maestra financiera. Las herramientas financieras elegidas se convierten en su paleta de colores, desplegando ante él un espectáculo visual donde la disciplina coordina cada tono y matiz.

En la quietud de la noche, cuando ajusta las cifras y asigna fondos con meticulosidad, Samuel Fintech emerge como un sabio consejero. Sus palabras, como susurros de la sabiduría financiera, resuenan en la mente de Ytur.

—Cada elección disciplinada es un hechizo que tejemos en el tapiz del futuro financiero. Cada palabra, cada número, es una nota en la sinfonía de tu prosperidad.

Armado con esta sabiduría, Ytur abraza el arte del presupuesto como una ceremonia diaria. Cada mañana, como un mago que consulta su grimorio antes de un día de conjuros, revisa su presupuesto con la precisión de un experto orquestador. La práctica constante refina su habilidad para asignar recursos efectivamente.

El arte del presupuesto, más que números en una pantalla, se convierte en una sinfonía financiera que resuena en su vida cotidiana. Cada categoría es un instrumento que contribuye a la melodía general de su bienestar financiero. Ytur ve su presupuesto no solo como una herramienta práctica, sino como una expresión creativa de sus sueños y metas.

La disciplina, lejos de ser una restricción, se convierte en el toque mágico que da vida a sus elecciones. En los momentos de tentación, cuando la llamada de los caprichos momentáneos es fuerte, la disciplina se yergue como un escudo que protege las murallas de sus objetivos financieros.

Una noche, tentado por una oferta irresistible en línea, Ytur se detiene. Cierra la aplicación de compras y se sume en una pausa reflexiva. La disciplina, como un faro interior, le recuerda que cada elección hoy es una inversión en el mañana. En esa resistencia momentánea, encuentra la libertad de esculpir su propio destino financiero.

Samuel Fintech, siempre presente en su viaje, comparte su perspectiva: "La verdadera disciplina es la semilla que plantas hoy para cosechar la abundancia mañana. Cada decisión disciplinada es un paso más cerca de tus metas".

La disciplina se vuelve vital en el arte de ahorrar. Cada aportación que Ytur ahorra se convierte en un ladrillo en la construcción de su fortaleza financiera. La aplicación financiera elegida se convierte en su herramienta de construcción, ofreciendo detalles precisos sobre cómo cimentar este escudo protector.

En la exploración de opciones de ahorro, desde cuentas de interés elevado hasta inversiones a largo plazo, la disciplina actúa como su brújula. Cada elección estratégica es un acto consciente de construir un futuro que no solo resista las tormentas del presente, sino que crezca con el paso del tiempo.

Samuel, su mentor en la sombra, le aconseja: "El ahorro es tu escudo contra las adversidades financieras, Ytur. Cuanto más fuerte sea, más protegido estarás ante las tormentas del futuro".

Ytur entiende que la disciplina no solo es un escudo, sino una fuente de empoderamiento. Cada elección de ahorro es un acto de autodeterminación, una afirmación de su control sobre su destino financiero.

En sus diálogos con otros magos financieros, Ytur descubre que la disciplina es la piedra angular de los que han alcanzado el éxito duradero. En una reveladora conversación con Roberto, otro mago financiero experimentado, surge una sabiduría compartida.

—La disciplina no solo te lleva al éxito; es la conexión entre las pequeñas elecciones diarias y los resultados finales. Cada elección disciplinada es una piedra más en la construcción de tu fortaleza financiera —comparte Roberto, destacando la importancia de la disciplina como un proceso acumulativo.

Uno de los desafíos más significativos que enfrenta Ytur es resistir las presiones sociales y mantener la disciplina en medio de la tentación externa. La disciplina se convierte en su ancla, recordándole que su camino hacia la riqueza es único y requiere decisiones basadas en sus propias metas y valores.

En una conversación reflexiva con su amiga Sirena, Ytur comparte sus pensamientos sobre la disciplina.

—La disciplina no es una carga; es la libertad de esculpir mi propio destino financiero. Cada elección disciplinada es un voto de confianza en mi capacidad para construir un futuro próspero —le explica a Sirena, quien, aunque inicialmente escéptica, comienza a comprender la profunda conexión entre la disciplina y el éxito financiero duradero.

Ytur, a lo largo de su viaje, se da cuenta de que la disciplina no es solo un componente de su estrategia financiera, sino la fuerza que impulsa cada paso hacia adelante. Es la voluntad de aprender, la dedicación de aplicar sus conocimientos y la consistencia en sus acciones lo que le permite superar obstáculos y alcanzar nuevos niveles de prosperidad.

A medida que el viaje de Ytur avanza, la disciplina se convierte en el bálsamo que alivia los desafíos y en la antorcha que ilumina su camino. Cada elección disciplinada es una contribución al tapiz de su éxito financiero, un recordatorio de que el camino hacia la verdadera riqueza no es un sprint, sino una maratón donde la disciplina es la compañera constante.

Ytur descubre nuevas facetas de su viaje, y la disciplina se mantiene como la piedra angular que guía cada paso hacia el horizonte de posibilidades financieras.
Su historia se convierte en una inspiración para aquellos que buscan no solo acumular riquezas, sino también cultivar una vida financiera plena y sostenible.

21 TRANSFORMANDO DESAFÍOS EN OPORTUNIDADES

Al alba del día siguiente, cuando Ytur enfrentó la imponente sombra de la incertidumbre, no retrocedió; en cambio, vio en ella un lienzo en blanco lleno de oportunidades por descubrir. En ese momento de reflexión, buscó la guía de Samuel, el faro en su travesía financiera.

—Samuel, ¿cómo convertimos estos desafíos en oportunidades? —inquirió Ytur, ansioso por extraer la sabiduría que se avecinaba.

Con una mirada serena, Samuel respondió: "Recuerda, Ytur, cada tormenta lleva consigo la semilla de una nueva cosecha. Enfrenta la oscuridad con la certeza de que detrás de las nubes hay un cielo resplandeciente".

El primer desafío, la amenaza de una recesión económica, se convirtió en el escenario donde Ytur desplegó su danza financiera. En lugar de acobardarse, inspiró a su equipo con palabras de valentía:

—En tiempos de recesión, la mayoría busca refugio, pero nosotros bailaremos bajo la lluvia de desafíos, encontrando oportunidades que solo florecen en la adversidad —declaró Ytur, guiando a su equipo hacia una mentalidad audaz.

La tormenta económica no solo fue sorteada, sino utilizada como una oportunidad para expandir horizontes. Ytur exploró nuevos mercados, diversificó su portafolio y descubrió gemas financieras ocultas. La recesión se transformó en un campo de pruebas para sus habilidades recién forjadas, y emergió no solo indemne, sino fortalecido.

En su búsqueda de oportunidades, la tecnología blockchain y las criptomonedas se alzaron como un enigma frente a muchos. Pero, guiado por la sabiduría de Andrea, una experta en tecnología financiera, Ytur se aventuró en este terreno desconocido.

—En la complejidad reside la oportunidad de liderar el camino, Ytur. No temas lo que no entiendes, abraza la oportunidad de aprender y crecer —aconsejó Andrea, revelando la perspectiva de las criptomonedas como un pase a una nueva era financiera.

El mercado de las criptomonedas no solo fue conquistado, sino que Ytur emergió como un pionero en este espacio emergente. La adversidad se convirtió en la madrina de su innovación, y la incertidumbre, en su mentora hacia nuevas fronteras financieras.

Los desafíos interpersonales también desafiaron la travesía de Ytur. Cuando un antiguo socio retiró su apoyo, Ytur, en lugar de lamentarse, buscó nuevas asociaciones y oportunidades. En una mesa de negociación, surgió un diálogo que cambió el destino de sus emprendimientos.

—Las relaciones pueden ser tan volátiles como los mercados, Ytur. Transforma la aparente ruptura en una oportunidad para algo nuevo —aconsejó Samuel, cuyas palabras resonaron como un mantra durante la negociación.

Ytur, decidido a convertir los obstáculos en oportunidades, construyó relaciones más sólidas y diversas. La adversidad se convirtió en su maestra, enseñándole a navegar las complejidades de las relaciones comerciales con astucia y compasión.

Entre las páginas de este capítulo, Ytur compartió su visión filantrópica con su equipo financiero. No solo aspiraba a su crecimiento personal, sino a marcar una diferencia positiva en la sociedad.

—La filantropía no solo transforma vidas, sino que también transforma nuestra relación con el éxito —comentó Ytur, inspirando a su equipo a unirse a su noble causa.

Transformar los desafíos en oportunidades no solo fue una estrategia financiera para Ytur, sino una filosofía de vida. Cada escollo se convirtió en un peldaño hacia nuevas alturas, y cada tormenta, en una oportunidad para desplegar sus alas y volar.

Ytur enfrentará desafíos aún más intensos, pero con la magia de transformar la adversidad en oportunidad, avanzará hacia horizontes inexplorados de prosperidad. Este capítulo es un recordatorio de que, en el universo financiero, cada nube oscura tiene el potencial de desatar una lluvia de oportunidades. Un viaje lleno de magia financiera y descubrimientos extraordinarios.

22 EL FRUTO DEL TRABAJO DEDICADO

En el fulgor del éxito, Ytur contempló los campos financieros que una vez sembró con sueños y esfuerzos incansables. Este capítulo es un tributo a los frutos que ahora colgaban pesadamente de los árboles de sus logros. Su jornada no solo estaba marcada por los desafíos superados, sino por la cosecha abundante que sus decisiones y perseverancia habían traído.

El primer brote de su éxito se manifestó en la adquisición de activos sólidos. La propiedad raíz, que una vez parecía un sueño lejano, se materializó en edificaciones que se alzaban como testigos silenciosos de su ascenso financiero. La tierra, antes simplemente suelo, ahora sostenía las raíces de su prosperidad. Ytur, con orgullo y humildad, admiraba la magnificencia de sus posesiones.

—Cada ladrillo y viga cuenta la historia de nuestro trabajo, Ytur. Cada propiedad es un hito que marca tu viaje desde la aspiración hasta la realización —comentó Samuel, su voz resonaba con un tono de satisfacción compartida.

Pero el fruto de su trabajo no se limitaba a la tierra física. Ytur, con sabiduría acumulada, también había sembrado semillas en el vasto campo del conocimiento financiero. La educación continua, como una fuente inagotable de nutrientes, había fortalecido las raíces de su comprensión. Certificaciones, cursos y experiencias se entrelazaron en un follaje denso que proporcionaba sombra a su toma de decisiones.

—La verdadera riqueza no solo yace en los bienes materiales, sino en el conocimiento que cultivamos. Es el fruto del aprendizaje continuo que nunca dejará de dar cosechas —reflexionó Ytur, con gratitud por la abundancia de sabiduría que había acumulado.

Con el tiempo, el fruto de su trabajo también se manifestó en el fortalecimiento de su red de conexiones. Las relaciones comerciales y personales florecieron como ramas frondosas, entrelazando su destino con el de otros. En diálogos, colaboraciones y momentos compartidos, Ytur vio cómo las semillas de las relaciones cuidadosamente plantadas daban lugar a frutos duraderos.

—La riqueza de las conexiones es la savia que nutre el árbol de la prosperidad. Cada relación es un vínculo que enriquece tu viaje —aconsejó Andrea, cuyas palabras resonaban como susurros en la brisa financiera.

Ytur celebraba, no solo la adquisición de bienes y conocimientos, sino el fruto más preciado de su trabajo: la libertad financiera. Ytur, habiendo caminado por el sendero de la disciplina y la persistencia, saboreaba la dulce libertad de tomar decisiones basadas en metas y sueños, no en limitaciones económicas.

—La libertad financiera es el fruto que nutre el alma de tus sueños. No solo has cosechado bienes, Ytur, sino la capacidad de dar forma a tu destino — dijo Samuel, reconociendo la realización de un viaje que trascendía las cuentas bancarias.

Ytur, ahora un guardián del conocimiento financiero, se embarcó en una nueva misión. A medida que las generaciones cambiaban, él se comprometió a preservar el legado del Laberinto Financiero. La academia, que antes era su dominio personal, se convirtió en una institución para las mentes inquisitivas de todo el mundo.

La historia de Ytur se difundió por el mundo financiero como un cuento de hadas moderno. Atrajo a aquellos que anhelaban la verdadera riqueza, no solo en términos monetarios, sino en la realización personal y la contribución al bienestar de otros. La magia financiera, que alguna vez fue un susurro en la brisa del Laberinto, se convirtió en un rugido, un eco que resonaba en las mentes de todos los que buscaban respuestas.

Ytur contemplaría cómo sus esfuerzos continuos no solo beneficiaban su propio bienestar, sino que se convertían en un faro para aquellos que buscaban su guía. La cosecha de sus logros, lejos de ser un final, marcaba el comienzo de un nuevo ciclo, lleno de potencial y crecimiento continuo. ¡Los frutos del trabajo dedicado son solo el preludio de aventuras aún más emocionantes en el universo financiero!

23 EL HORIZONTE ILIMITADO

El sol se ponía en el horizonte, pintando el cielo con tonos cálidos y dorados, mientras Ytur, ahora inmerso en su viaje financiero, contemplaba el horizonte ilimitado de posibilidades que se extendía ante él.
Este capítulo, que funge como el epílogo de nuestra narrativa inspiradora, es el cierre de un viaje extraordinario, pero también el comienzo de una nueva fase en la vida financiera de Ytur.

La travesía de Ytur ha sido más que un recorrido por las estrategias y tácticas financieras; ha sido una odisea de autodescubrimiento, aprendizaje continuo y evolución constante. El horizonte ilimitado que se despliega ante él representa más que simplemente oportunidades económicas; es la promesa de un crecimiento continuo, un compromiso eterno con el conocimiento y la capacidad de contribuir en el mundo financiero.

En este cierre, reflexionamos sobre los hitos que Ytur ha alcanzado: el arte del presupuesto que esculpió con paciencia, la construcción de su escudo financiero contra las tormentas inesperadas, la danza de las inversiones que lo llevó a explorar nuevos terrenos, y la resistencia que demostró ante las tentaciones y distracciones del camino.

Pero más allá de las cifras y las ganancias, Ytur descubrió la verdadera riqueza que reside en la comprensión profunda de sus propias metas, valores y prioridades. Cada decisión, cada paso dado en este viaje financiero, fue más que una transacción; fue una expresión de su visión y una contribución única al tapiz de su vida.

Este capítulo final resalta la noción de que el despertar financiero no tiene límites. Es un proceso continuo de crecimiento, adaptación y expansión de horizontes. La magia financiera que Ytur descubrió no se agota en estas páginas; es un recurso inagotable que seguirá guiándolo mientras navega por los mares financieros inexplorados.

En las últimas páginas de este libro, quiero transmitir un mensaje de esperanza y empoderamiento a cada lectora y lector que ha acompañado a Ytur en su viaje. Al igual que Ytur, tu viaje financiero es único y evolutivo. El horizonte ilimitado frente a ti es una invitación a explorar, aprender y crecer. La magia financiera está a tu alcance, esperando ser descubierta y aplicada para transformar tu vida.

Mientras nos despedimos de Ytur en este epílogo, recordemos que la verdadera riqueza no se mide solo en cifras, sino en la capacidad de tomar el timón de nuestra vida financiera y navegar hacia el horizonte ilimitado de posibilidades que aguarda. ¡Que este cierre marque el comienzo de tu propia narrativa financiera, llena de éxitos, aprendizajes y un horizonte que se expande con cada paso que tomas!

ANEXO

Ejercicios y Ejemplos para Reforzar las Lecciones de El Despertar Financiero

Bienvenid@ al anexo interactivo de "El Despertar Financiero". Aquí encontrarás una serie de ejercicios y ejemplos diseñados para fortalecer las lecciones aprendidas en cada capítulo de esta cautivadora odisea financiera.

Estos ejercicios están diseñados para ser reflexivos y prácticos, guiándote a través de la aplicación de conceptos financieros clave en tu propia vida. Cada ejercicio se alinea con las enseñanzas de "El Despertar Financiero" y te brindará la oportunidad de aplicar las lecciones de manera tangible.

Recuerda, la verdadera riqueza no solo se encuentra en el conocimiento, sino en la acción informada y constante. ¡Prepárate para poner en práctica lo aprendido y avanzar hacia tu propio despertar financiero!

Capítulo 1: El Comienzo de un Viaje

Ejercicio: Reflexiona sobre tus hábitos financieros actuales. Identifica al menos tres áreas en las que te gustaría mejorar y establece objetivos financieros alcanzables.

Ejemplo de Respuesta:

En mi reflexión sobre mis hábitos financieros, he identificado tres áreas clave para mejorar:

1. **Presupuesto y Gastos:** Actualmente, no tengo un presupuesto sólido y tiendo a gastar de manera impulsiva. Mi objetivo es establecer un presupuesto mensual que me permita controlar mis gastos y asignar fondos a áreas específicas, como ahorros y entretenimiento.

2. **Ahorro:** Aunque tengo la intención de ahorrar, a menudo no logro hacerlo de manera consistente. Estableceré un objetivo mensual de ahorro y exploraré formas de automatizar este proceso para garantizar que se cumpla.

3. **Conocimiento Financiero:** Admito que mi comprensión de conceptos financieros más avanzados es limitada. Mi objetivo es dedicar tiempo cada semana para aprender sobre inversiones, planificación patrimonial y estrategias fiscales.

Estos objetivos son específicos, medibles y alcanzables. Establecerlos me brinda una guía clara para mejorar mis hábitos financieros y avanzar en mi viaje hacia una mayor conciencia y control financiero.

Capítulo 2: El Encuentro Mágico

Ejercicio: Imagina que encuentras un mentor financiero. ¿Qué tres preguntas le harías para aprovechar al máximo su sabiduría?

Ejemplo de Respuesta:

1. **Estrategias de Inversión Personalizadas:** Me gustaría preguntarle sobre las estrategias de inversión que considera más efectivas para alguien en mi situación financiera específica. ¿Cómo puedo diversificar mi cartera de manera eficiente y alineada con mis metas a largo plazo?

2. **Gestión de Riesgos:** Quisiera conocer su enfoque sobre la gestión de riesgos. ¿Cómo puedo evaluar y mitigar los riesgos en mis inversiones de manera efectiva sin sacrificar oportunidades de crecimiento?

3. **Consejos para el Desarrollo Profesional:** Dado que la estabilidad laboral también es crucial para la salud financiera, me gustaría obtener consejos sobre cómo puedo mejorar mi perfil profesional y aumentar mis ingresos a lo largo del tiempo. ¿Cuáles son las habilidades o certificaciones más valoradas en el mundo financiero actualmente?

Estas preguntas me proporcionarían una visión valiosa y personalizada, permitiéndome aprovechar al máximo la experiencia y sabiduría de mi mentor financiero.

Capítulo 3: La Llamada del Mentor

Ejercicio: Crea una lista de tus activos y pasivos financieros. Reflexiona sobre cómo podrías aumentar tus activos o reducir tus pasivos.

Ejemplo de Respuesta:

Activos:

1. **Cuentas de Ahorro:** $10,000

2. **Cuenta de Inversión:** $15,000 en acciones y bonos.

3. **Fondo de Emergencia:** $5,000

4. **Propiedad:** Valorada en $200,000

Pasivos:

1. **Préstamo Estudiantil:** Saldo restante de $20,000.

2. **Hipoteca:** Deuda pendiente de $150,000.

3. **Tarjeta de Crédito:** Saldo actual de $3,000.

4. **Préstamo de Automóvil:** Saldo restante de $8,000.

Reflexiones:

- *Aumentar Activos:* Puedo explorar oportunidades para aumentar mis activos, como aumentar mis contribuciones a la cuenta de inversión o buscar inversiones adicionales.

- *Reducir Pasivos:* Puedo desarrollar un plan para acelerar la liquidación de deudas, priorizando el pago de préstamos con tasas de interés más altas.

- *Fondo de Emergencia:* Consideraré aumentar mi fondo de emergencia para garantizar una mayor seguridad financiera en situaciones inesperadas.

Este ejercicio me brinda una visión clara de mi situación financiera actual y me permite identificar áreas específicas para mejorar y alinearme con mis metas financieras a largo plazo.

Capítulo 4: Revelación en el Laberinto

Ejercicio: Lleva un registro de tus gastos diarios durante una semana. Analiza tus hábitos de gasto y busca áreas donde podrías hacer ajustes para mejorar tu situación financiera.

Ejemplo de Respuesta:

Registro de Gastos Diarios (Semana del 1 al 7 de [Mes]):

- **Lunes:**

  - Almuerzo en el trabajo: $15

  - Gasolina: $30

  - Cena fuera: $25

- **Martes:**

  - Café en la mañana: $5

  - Comida rápida: $10

  - Compra impulsiva en línea: $50

- **Miércoles:**

  - Almuerzo en casa: $5

  - Compra comestibles: $40

- **Jueves:**

  - Almuerzo en el trabajo: $15

  - Cena con amigos: $30

- **Viernes:**

  - Comida rápida: $10

  - Entretenimiento (cine): $20

- **Sábado:**

  - Compra comestibles: $30

  - Salida nocturna: $40

- **Domingo:**

  - Almuerzo familiar: $20

  - Gasolina: $25

Análisis y Ajustes:

- **Gastos Innecesarios:** Identifiqué gastos impulsivos, especialmente en compras en línea y entretenimiento. Estableceré un límite mensual para estos gastos.

- **Comida Fuera:** Noté que gasté más de lo necesario en comer fuera. Planificaré comidas y refrigerios con antelación para reducir estos gastos.

- **Seguimiento de Presupuesto:** Utilizaré una aplicación de seguimiento de presupuesto para monitorear mis gastos y establecer límites claros en cada categoría.

Este ejercicio me brinda una visión detallada de mis hábitos de gasto, permitiéndome tomar medidas específicas para ajustar mi comportamiento financiero y mejorar mi situación económica.

Capítulo 5: Herramientas que Transforman

Ejercicio: Diseña un presupuesto mensual que incluya categorías de gastos, ahorros e inversiones. Ajusta tu presupuesto según tus metas financieras.

Ejemplo de Respuesta:

Presupuesto Mensual ([Mes]):

1. **Ingresos:**

   - Salario: $3,500

   - Ingresos adicionales: $200

2. **Gastos Fijos:**

   - Alquiler/Hipoteca: $1,000

   - Servicios Públicos: $150

   - Teléfono/Internet: $80

   - Seguro de Salud: $200

   - Transporte: $150

       – Comida: $300

       –

3. **Gastos Variables:**

   - Entretenimiento: $100

   - Compras y Ropa: $150

   - Salidas y Restaurantes: $120

4. **Ahorros e Inversiones:**

   - Fondo de Emergencia: $200

   - Ahorro para Vacaciones: $50

   - Contribución a Cuenta de Inversión: $300

Metas Financieras:

1. **Reducir Deudas:**

   - Pago adicional en préstamo estudiantil: $100

   - Pago adicional en tarjeta de crédito: $50

2. **Aumentar Ahorros:**

   - Incrementar fondo de emergencia a $2,000.

3. **Invertir para el Futuro:**

   - Aumentar contribuciones a la cuenta de inversión en un 10% el próximo mes.

Este presupuesto refleja mis ingresos, gastos esenciales y variables, así como mis objetivos de ahorro e inversión. Ajustaré mi comportamiento de gasto para alinearme con estas metas y mejorar mi posición financiera.

Capítulo 6: El Arte del Presupuesto

Ejemplo: Ytur crea un presupuesto detallado que asigna un porcentaje específico de sus ingresos a gastos esenciales, ahorros e inversiones. Ajusta su presupuesto cada mes según las necesidades cambiantes.

Presupuesto Mensual de Ytur ([Mes]):

1. **Ingresos:**

   - Salario: $4,000

2. **Gastos Esenciales (50%):**

   - Alquiler/Hipoteca: $1,000

   - Servicios Públicos: $150

   - Teléfono/Internet: $80

   - Seguro de Salud: $200

   - Transporte: $150

   - Comida: $250

3. **Ahorros (20%):**

   - Fondo de Emergencia: $800

   - Ahorro para Vacaciones: $100

4. **Inversiones (15%):**

 - Cuenta de Inversión: $600

5. **Gastos Variables (15%):**

 - Entretenimiento: $150

 - Compras y Ropa: $100

 - Salidas y Restaurantes: $150

Ajustes y Reflexiones:

- **Gastos Variables Flexibles:** Ytur tiene flexibilidad en sus gastos variables, lo que le permite ajustar según las necesidades y metas cambiantes.

- **Priorización del Ahorro:** Con un 20% asignado al ahorro, Ytur está construyendo una red de seguridad financiera sólida y trabajando hacia sus metas a largo plazo.

- **Monitoreo Constante:** Ytur revisa su presupuesto mensualmente para adaptarse a cambios en sus ingresos, gastos inesperados o nuevas metas financieras.

Este ejemplo muestra cómo Ytur distribuye sabiamente sus ingresos, priorizando tanto las necesidades inmediatas como las metas a largo plazo. Su enfoque flexible le permite adaptarse a las cambiantes circunstancias de la vida.

Capítulo 7: Ahorrar: El Escudo del Futuro

Ejemplo: Ytur establece un fondo de emergencia equivalente a tres meses de gastos. Este fondo le proporciona seguridad y tranquilidad en caso de imprevistos.

Establecimiento del Fondo de Emergencia por Ytur:

Cálculo de Tres Meses de Gastos:

1. Gastos Esenciales Mensuales: $1,830

   - Alquiler/Hipoteca: $1,000

   - Servicios Públicos: $150

   - Teléfono/Internet: $80

   - Seguro de Salud: $200

   - Transporte: $150

   - Comida: $250

2. **Fondo de Emergencia Deseado:** $1,830 x 3 = $5,490

Acciones de Ytur:

1. **Establecimiento del Fondo de Emergencia:** Ytur se compromete a ahorrar $200 cada mes específicamente para su fondo de emergencia.

2. **Automatización de Ahorros:** Configura una transferencia automática a su cuenta de ahorros al recibir su salario.

Reflexiones:

- **Seguridad Financiera:** Al tener un fondo de emergencia equivalente a tres meses de gastos, Ytur se siente más seguro ante imprevistos como pérdida de empleo o gastos médicos inesperados.

- **Disciplina Financiera:** La automatización de ahorros garantiza que Ytur cumpla con su objetivo de fondo de emergencia sin tener que pensarlo demasiado cada mes.

- **Flexibilidad Financiera:** Este fondo proporciona a Ytur la tranquilidad necesaria para enfrentar el futuro con confianza y la flexibilidad para abordar situaciones inesperadas.

Este ejemplo destaca la importancia de establecer un fondo de emergencia y cómo Ytur lo integra sabiamente en su plan financiero para garantizar su seguridad a largo plazo.

Capítulo 8: La Danza de las Inversiones

Ejercicio: Investiga sobre diferentes opciones de inversión, como acciones, bonos o bienes raíces. Selecciona una opción que te parezca adecuada para tus metas y elabora un plan de inversión inicial.

Plan de Inversión Inicial de [Tu Nombre]:

1. **Investigación de Opciones:**

   - **Acciones:** Exploré compañías sólidas con historiales de crecimiento estable y dividendos consistentes.

   - **Bonos:** Investigué bonos corporativos y gubernamentales para entender su riesgo y rendimiento.

   - **Bienes Raíces:** Exploré oportunidades inmobiliarias, considerando la estabilidad del mercado local.

2. **Selección de Opción de Inversión:**

   - **Acciones de Empresas Diversificadas:** Me decidí por invertir en acciones de empresas diversificadas que operan en industrias estables y en crecimiento.

3. **Objetivos de Inversión:**

   - **Crecimiento a Largo Plazo:** Busco un crecimiento constante de mi inversión a lo largo del tiempo.

   - **Dividendos Estables:** Valoraré acciones que paguen dividendos estables para generar ingresos pasivos.

4. **Diversificación:**

   - **Industrias Variadas:** Invertiré en compañías de diferentes sectores para diversificar mi cartera y reducir riesgos.

   - **Tamaño de Empresas:** Consideraré tanto empresas grandes y establecidas como empresas más pequeñas con potencial de crecimiento.

5. **Plazo de Inversión:**

   - **A Largo Plazo:** Mi plan de inversión se enfoca en mantener las acciones a largo plazo, aprovechando el poder del interés compuesto.

6. **Monitoreo Continuo:**

   - **Revisión Trimestral:** Evaluaré el rendimiento de mis inversiones trimestralmente y realizaré ajustes según sea necesario.

Reflexiones:

Investigar y planificar antes de invertir es clave para maximizar los rendimientos y minimizar los riesgos. Este plan proporciona una guía sólida para mi incursión en el mundo de las inversiones, alineado con mis metas y tolerancia al riesgo.

Capítulo 9: Riesgo y Recompensa

Ejemplo: Ytur diversifica su cartera de inversiones para mitigar riesgos. Al asignar sus fondos a diferentes activos, equilibra la posibilidad de ganancias con la gestión de riesgos.

Diversificación de la Cartera de Inversiones de Ytur:

1. **Acciones de Empresas Establecidas (50%):**

   - Inversiones en empresas con historiales sólidos y dividendos consistentes.

   - Ejemplos: Grandes corporativos en sectores como tecnología, salud y energía.

2. **Fondos Cotizados (ETFs) (20%):**

   - Invierte en ETFs que siguen índices amplios para diversificar aún más su cartera.

   - Ejemplos: ETFs que rastrean el S&P 500 o un índice de bonos.

3. **Bienes Raíces (15%):**

   - Asigna fondos a fondos de inversión inmobiliaria (REITs) para obtener exposición al mercado inmobiliario.

   - Ejemplos: Fondos que invierten en propiedades comerciales y residenciales.

4. **Bonos Corporativos (10%):**

   - Invierte en bonos de empresas sólidas para equilibrar el riesgo de sus inversiones en acciones.

   - Ejemplos: Bonos de empresas con calificaciones crediticias altas.

5. **Criptomonedas (5%):**

   - Asigna una pequeña parte a criptomonedas para diversificar aún más, consciente del mayor riesgo asociado.

   - Ejemplos: Bitcoin, Ethereum.

Razonamiento y Reflexiones:

- **Mitigación de Riesgos:** Diversificar en diferentes clases de activos reduce la exposición a riesgos específicos del mercado.

- **Alineación con Objetivos:** La asignación de activos refleja los objetivos de Ytur, buscando equilibrar la estabilidad con el potencial de crecimiento.

- **Reevaluación Periódica:** Ytur revisará su cartera periódicamente para asegurarse de que siga siendo consistente con sus metas y tolerancia al riesgo.

Este ejemplo ilustra cómo Ytur utiliza la diversificación para equilibrar riesgos y recompensas, una estrategia clave en la gestión financiera.

Capítulo 10: Desafíos en el Horizonte

Ejercicio: Identifica un desafío financiero que puedas enfrentar en el futuro. Crea un plan estratégico para superarlo, considerando ahorros y posibles ajustes en tus gastos.

Identificación del Desafío Financiero de [Tu Nombre]:

Desafío: Cambio en la Situación Laboral

- Posible pérdida de empleo o reducción de ingresos debido a cambios en la industria o reestructuración empresarial.

Plan Estratégico:

1. **Fondo de Emergencia Reforzado:**

   - Aumentaré mi fondo de emergencia a seis meses de gastos para proporcionar una red de seguridad adicional.

2. **Revisión de Gastos y Presupuesto:**

   - Identificaré áreas en las que pueda reducir gastos no esenciales temporalmente, preparándome para un posible período de ajuste.

3. **Desarrollo de Habilidades Adicionales:**

   - Invertiré tiempo en el desarrollo de habilidades adicionales que puedan aumentar mi empleabilidad en el mercado laboral.

4. **Explorar Fuentes de Ingreso Adicionales:**

   - Investigaré oportunidades para ingresos adicionales, como trabajos independientes o proyectos paralelos, para diversificar mis fuentes de ingresos.

5. **Consulta con Asesor Financiero:**

   - Programaré una consulta con un asesor financiero para revisar mi situación y recibir orientación sobre posibles ajustes en inversiones o estrategias fiscales.

Reflexiones:

Este plan estratégico me brinda un enfoque proactivo para abordar el desafío financiero anticipadamente. Al reforzar mi fondo de emergencia y diversificar mis fuentes de ingresos, estoy mejor preparado para enfrentar situaciones laborales inesperadas y mantener mi estabilidad financiera.

Capítulo 11: Tentaciones y Decisiones Cruciales

Ejercicio: Piensa en una tentación financiera a la que te enfrentas frecuentemente. Desarrolla estrategias para resistir esa tentación y mantener tu enfoque en tus metas financieras.

Identificación de la Tentación Financiera de [Tu Nombre]:

Tentación: Compras Impulsivas

- La tendencia a realizar compras impulsivas, especialmente en línea, que pueden afectar negativamente mi presupuesto mensual.

Estrategias para Resistir la Tentación:

1. **Lista de Compras Previa:**

   - Antes de realizar cualquier compra, elaboraré una lista de lo que realmente necesito. Esto ayudará a limitar las compras impulsivas

2. **Periodo de Reflexión:**

   - Estableceré un período de reflexión de al menos 24 horas antes de realizar una compra significativa. Esto me dará tiempo para evaluar si la compra es necesaria o impulsiva.

3. **Presupuesto de Gastos Discrecionales:**

   - Estableceré un presupuesto específico para gastos discrecionales, incluidas las compras no planificadas. Una vez agotado ese presupuesto para el mes, me abstendré de realizar más compras impulsivas.

4. **Eliminar Tarjetas de Compra en Línea:**

   - Eliminaré la información de mi tarjeta de crédito de las cuentas en línea para dificultar la realización de compras impulsivas con un solo clic.

5. **Recompensas por Resistencia:**

   - Estableceré recompensas para mí mismo cada vez que evite una compra impulsiva. Esto refuerza positivamente el comportamiento responsable.

Reflexiones:

Al reconocer y abordar la tentación de compras impulsivas, estoy tomando medidas proactivas para proteger mi presupuesto y mantener mi enfoque en mis metas financieras a largo plazo. La disciplina financiera es esencial para el éxito a largo plazo.

Capítulo 12: La Resistencia de Ytur

Ejemplo: Ytur enfrenta la resistencia social para gastar en lujos innecesarios. Al establecer límites claros y comunicar sus metas financieras, logra resistir la presión y mantenerse enfocado.

La Resistencia de Ytur ante la Presión Social:

Situación: Presión para Gastos Innecesarios y Lujos

Estrategias de Ytur:

1. **Establecimiento de Límites Claros:**

   - Ytur establece límites claros en su presupuesto para gastos discrecionales y lujos. Comunica estos límites a amigos y familiares para establecer expectativas.

2. **Comunicación Abierta sobre Metas Financieras:**

   - Explica abiertamente sus metas financieras a aquellos cercanos a él. Comparte sus planes de ahorro, inversión y la importancia de mantener un estilo de vida financiero equilibrado.

3. **Prácticas de Ahorro Visibles:**

   - Ytur adopta prácticas de ahorro visibles, como usar cupones o aprovechar ofertas, para mostrar que ser financieramente consciente no significa privarse por completo, sino gastar de manera inteligente.

4. **Alternativas Creativas:**

- Propone alternativas creativas para actividades sociales que no impliquen grandes gastos, como cenas en casa, picnics o eventos gratuitos en la comunidad.

5. **Compromiso Personal:**

- Ytur se compromete personalmente con sus metas financieras, recordándose a sí mismo la importancia de resistir la presión social y mantenerse enfocado en el camino hacia la estabilidad financiera.

Reflexiones:

Al resistir la resistencia social para gastar en lujos innecesarios, Ytur está protegiendo sus metas financieras a largo plazo. La comunicación abierta y la adopción de alternativas creativas refuerzan su compromiso personal con la resistencia a la presión externa.

Capítulo 13: Vislumbrando el Horizonte

Ejercicio: Visualiza tu horizonte financiero ideal. Describe detalladamente cómo sería tu vida financiera si alcanzaras tus metas a corto y largo plazo.

Visión del Horizonte Financiero Ideal de [Tu Nombre]:

Escenario Financiero a Corto Plazo (1-3 Años):

1. **Libertad de Deudas:**

   - Habré pagado completamente mis deudas, incluidos préstamos estudiantiles y saldos de tarjetas de crédito.

2. **Fondo de Emergencia Fortalecido:**

   - Mi fondo de emergencia será robusto, cubriendo al menos seis meses de gastos, brindándome tranquilidad en situaciones inesperadas.

3. **Crecimiento en Inversiones:**

   - Las inversiones habrán experimentado un crecimiento constante, contribuyendo al aumento de mi patrimonio neto.

4. **Estabilidad en el Empleo:**

   - Habré avanzado en mi carrera, logrando estabilidad laboral y, posiblemente, un aumento en los ingresos.

Escenario Financiero a Largo Plazo (5-10 Años):

1. **Propiedad y Estabilidad Residencial:**

   - Seré propietario de una vivienda que se ajuste a mis necesidades y metas familiares.

2. **Independencia Financiera en Marcha:**

   - Estaré en camino hacia la independencia financiera, con ingresos pasivos provenientes de inversiones y, posiblemente, emprendimientos.

3. **Educación Financiera Continua:**

   - Mantendré una educación financiera continua, explorando nuevas oportunidades de inversión y estrategias para optimizar mis finanzas.

4. **Contribución a la Comunidad:**

   - Tendré la capacidad de contribuir significativamente a organizaciones benéficas y proyectos comunitarios que sean importantes para mí.

Visión Emocional y Personal:

1. **Paz Mental y Felicidad:**

   - Experimentaré una paz mental derivada de la estabilidad financiera, permitiéndome disfrutar de la vida y compartir momentos significativos con seres queridos.

2. **Flexibilidad y Oportunidades:**

   - La estabilidad financiera me brindará flexibilidad para explorar nuevas oportunidades, viajar y perseguir pasiones personales sin restricciones económicas.

3. **Legado Financiero:**

   - Contribuiré a construir un legado financiero sólido para las generaciones futuras, brindando oportunidades y seguridad a mis seres queridos.

Reflexiones:

Esta visión detallada de mi horizonte financiero ideal me sirve como inspiración constante. Imaginar estos logros me motiva a tomar decisiones financieras informadas y mantener mi enfoque en las metas a corto y largo plazo.

Capítulo 14: De la Planificación a la Acción

Ejemplo: Ytur ejecuta su plan financiero, automatizando transferencias a su fondo de emergencia y cuentas de inversión. Esta acción consistente lo acerca cada vez más a sus metas.

Ytur en Acción: Implementando su Plan Financiero

Automatización de Transferencias:

Ytur toma medidas concretas para garantizar que su plan financiero se traduzca en acciones tangibles.

1. **Fondo de Emergencia:**

   - Configura una transferencia automática mensual a su cuenta de fondo de emergencia. Esto garantiza que cada mes contribuye de manera consistente a su red de seguridad financiera.

2. **Cuenta de Inversión:**

   - Automatiza las contribuciones a su cuenta de inversión. Establece una transferencia automática que se realiza cada mes según su plan de asignación de activos.

Seguimiento Regular:

Ytur se compromete a revisar periódicamente su progreso y hacer ajustes según sea necesario.

1. **Revisiones Mensuales:**

   - Dedica tiempo al final de cada mes para revisar sus cuentas, asegurándose de que las transferencias automáticas se hayan realizado correctamente y de que su presupuesto esté en línea con sus metas.

2. **Ajustes Estratégicos:**

   - Si hay cambios en su situación financiera o en sus metas, Ytur realiza ajustes estratégicos en su plan financiero, asegurándose de que siga siendo relevante y efectivo.

Celebración de Logros:

Ytur celebra los hitos alcanzados en su camino hacia la independencia financiera.

1. **Pequeñas Celebraciones Mensuales:**

   - Reconoce y celebra cada pequeño logro mensual, como alcanzar ciertos hitos en sus cuentas de ahorro e inversión.

2. **Revisión Anual de Logros:**

   - Anualmente, Ytur realiza una revisión más amplia de sus logros financieros y establece nuevas metas para el próximo año.

Reflexiones:

Al implementar acciones tangibles y seguir de cerca su plan financiero, Ytur se asegura de que sus objetivos no se queden en la teoría, sino que se conviertan en una realidad. La automatización y el seguimiento constante son claves para su éxito financiero a largo plazo.

Capítulo 15: El Viaje a la Inversión

Ejercicio: Investiga y selecciona una inversión que te interese. Calcula posibles rendimientos y riesgos asociados. Decide si esta inversión se alinea con tus objetivos financieros.

Investigación de Inversión por [Tu Nombre]:

Inversión Seleccionada: Fondos de Índice del Mercado Internacional

1. **Razones para la Elección:**

   - **Diversificación Global:** Los fondos de índice del mercado internacional ofrecen exposición a empresas de todo el mundo, lo que proporciona una diversificación sólida.

   - **Potencial de Crecimiento:** Al invertir en economías emergentes y en desarrollo, hay un mayor potencial de crecimiento en comparación con mercados más establecidos.

2. **Cálculo de Posibles Rendimientos:**

   - **Investigación de Historial de Rendimientos:** Examino el rendimiento pasado de estos fondos para obtener una idea de su historial de crecimiento.

   - **Análisis de Perspectivas Futuras:** Consulto expertos financieros y pronósticos del mercado para evaluar las perspectivas futuras de esta inversión.

3. **Riesgos Asociados:**

-**Volatilidad del Mercado Internacional:** Las economías internacionales pueden ser más volátiles que las nacionales, lo que aumenta el riesgo de pérdida.

- **Cambio de Divisas:** Las fluctuaciones en las tasas de cambio pueden afectar el rendimiento de la inversión.

4. **Comparación con Objetivos Financieros:**

- **Alineación con Metas a Largo Plazo:** Evalúo si esta inversión se alinea con mi objetivo de crecimiento a largo plazo y tolerancia al riesgo.

- **Contribución a la Diversificación General:** Verifico si esta inversión complementa mi cartera existente y mejora la diversificación global.

5. **Decisión Final:**

- Después de una cuidadosa consideración, determino si esta inversión se ajusta a mis metas financieras y si estoy dispuesto a asumir los riesgos asociados.

Reflexiones:

La investigación detallada y la evaluación de riesgos son esenciales antes de realizar cualquier inversión. Esta decisión se basa en la alineación con mis objetivos financieros, la diversificación de mi cartera y una comprensión clara de los riesgos involucrados.

Capítulo 16: Descubriendo Tesoros Financieros

Ejemplo: Ytur descubre una cuenta de jubilación olvidada y la incorpora a su estrategia financiera. Este tesoro inesperado aumenta su patrimonio neto y diversifica sus activos.

Descubrimiento de un Tesoro Financiero por Ytur: Una Cuenta de Jubilación Olvidada

Contexto:

Ytur, revisando sus documentos financieros antiguos, descubre una cuenta de jubilación que había olvidado. Esta cuenta se originó en un antiguo empleo y ha estado acumulando fondos durante años sin su atención.

Pasos Tomados:

1. **Investigación de Documentos Antiguos:**

   - Ytur revisa antiguos registros de empleo y documentos financieros para identificar cualquier cuenta olvidada.

2. **Comunicación con Administradores de Cuentas:**

   - Identifica la institución financiera que administra la cuenta de jubilación olvidada y se comunica con ellos para obtener información actualizada sobre el saldo y las opciones disponibles.

3. **Evaluación de Opciones:**

   - Ytur evalúa las opciones disponibles para la cuenta de jubilación olvidada, como mantenerla, transferirla a una cuenta existente o consolidarla con otras cuentas de jubilación.

4. **Integración a la Estrategia Financiera:**

- Considerando su plan financiero general, Ytur decide incorporar los fondos de la cuenta de jubilación olvidada a su estrategia actual, diversificando sus activos y fortaleciendo su posición para la jubilación.

5. **Revisión de Beneficiarios y Designaciones:**

- Actualiza la información de beneficiarios y designaciones de herederos en la cuenta de jubilación para asegurarse de que esté alineada con sus intenciones actuales.

Impacto en la Estrategia Financiera:

- **Aumento del Patrimonio Neto:** La incorporación de la cuenta de jubilación olvidada aumenta significativamente el patrimonio neto de Ytur, proporcionando una base financiera más sólida.

- **Diversificación de Activos:** Al diversificar sus activos con la inclusión de esta cuenta, Ytur reduce el riesgo y fortalece su posición para la jubilación.

- **Reevaluación de Metas de Jubilación:** Ytur utiliza este descubrimiento para reevaluar sus metas de jubilación y ajustar estratégicamente sus planes para lograr una jubilación más cómoda y segura.

Reflexiones:

Este ejemplo destaca la importancia de revisar periódicamente los documentos financieros antiguos. El descubrimiento de esta cuenta de jubilación olvidada se convierte en un tesoro financiero inesperado que beneficia significativamente la estrategia financiera de Ytur.

Capítulo 17: El Despertar de la Conciencia Financiera

Ejercicio: Evalúa cómo tus elecciones financieras afectan tu bienestar general. Identifica una mejora que puedas realizar de inmediato para alinear mejor tus acciones con tus valores.

Evaluación de Elecciones Financieras por [Tu Nombre]: Despertar de la Conciencia Financiera

Reflexión General:

Al evaluar mis elecciones financieras, reconozco la conexión intrínseca entre mis decisiones económicas y mi bienestar general. Cada gasto, ahorro o inversión contribuye no solo a mi salud financiera, sino también a mi calidad de vida en general.

Identificación de Elección Financiera Actual:

Un área que destaco es mi tendencia a gastar en comidas para llevar y restaurantes con frecuencia, lo que representa una parte significativa de mis gastos mensuales.

Impacto en el Bienestar General:

- **Impacto Financiero:** Este patrón de gasto afecta directamente mi presupuesto mensual, limitando la cantidad disponible para ahorros e inversiones.

- **Salud Física:** Dependiendo de las elecciones alimenticias, este hábito puede influir en mi salud física.

- **Bienestar Emocional:** La conciencia de que estoy gastando más de lo necesario puede afectar mi bienestar emocional, generando estrés innecesario.

Mejora Identificada:

Como una mejora inmediata, decido reducir la frecuencia de comidas para llevar y restaurantes. En su lugar, buscaré opciones de comidas más saludables y económicas que pueda preparar en casa.

Pasos para Implementar la Mejora:

1. **Planificación de Comidas Semanal:**

   - Diseñaré un plan de comidas semanal que incluya opciones saludables y económicas para reducir la tentación de comer fuera.

2. **Presupuesto Específico para Salidas:**

   - Estableceré un presupuesto mensual específico para salidas a restaurantes y comidas para llevar, asegurándome de mantenerlo bajo control.

3. **Explorar Recetas Nutritivas:**

   - Buscaré recetas nuevas y nutritivas que sean fáciles de preparar en casa, agregando variedad a mi dieta y reduciendo la dependencia de opciones externas.

4. **Seguimiento y Ajuste Continuo:**

   - Mantendré un seguimiento regular de mis gastos y ajustaré mi enfoque según sea necesario para garantizar que mis elecciones financieras estén alineadas con mis valores y metas.

Objetivo a Largo Plazo:

A medida que implemento estos cambios, mi objetivo a largo plazo es no solo mejorar mi salud financiera, sino también cultivar hábitos más saludables que contribuyan a un bienestar general más sólido.

Reflexiones Finales:

Este ejercicio de evaluación y mejora representa un paso significativo en mi viaje hacia una mayor conciencia financiera. Al alinear mis elecciones financieras con mis valores, estoy contribuyendo activamente a mi bienestar general y estableciendo una base sólida para un futuro financiero más saludable.

Capítulo 18: El Brillo de la Educación Continua

Ejemplo: Ytur se inscribe en cursos en línea y asiste a seminarios para mantenerse actualizado en tendencias financieras. Esta educación continua le proporciona una ventaja en la toma de decisiones informadas.

El Brillo de la Educación Continua por Ytur:

Contexto:

Ytur reconoce la importancia de mantenerse actualizado en el mundo financiero, donde las tendencias y estrategias pueden cambiar rápidamente. Con el deseo de tomar decisiones informadas y estratégicas, decide embarcarse en un viaje de educación continua.

Pasos Tomados:

1. **Identificación de Áreas de Interés:**

   - Ytur identifica áreas específicas dentro de las finanzas que le gustaría explorar y fortalecer, como inversiones, planificación tributaria y estrategias de ahorro.

2. **Selección de Cursos en Línea y Seminarios:**

   - Investiga y selecciona cursos en línea y seminarios que se alineen con sus áreas de interés. Busca programas que ofrezcan información actualizada y perspectivas de expertos.

3. **Dedicación de Tiempo Regular:**

   - Establece un horario regular para dedicarse a la educación continua. Bloquea tiempo en su calendario semanal para estudiar, participar en clases en línea y asistir a eventos educativos.

4. **Participación Activa:**

   - Ytur no solo se limita a la observación pasiva. Participa activamente en discusiones, realiza ejercicios prácticos y busca oportunidades para aplicar los conocimientos adquiridos en situaciones reales.

5. **Construcción de Redes:**

   - Aprovecha la oportunidad para construir redes con otros profesionales financieros. Participa en foros en línea, grupos de discusión y eventos presenciales para compartir conocimientos y experiencias.

Impacto en la Toma de Decisiones:

- **Información Actualizada:** La educación continua garantiza que Ytur esté al tanto de las últimas tendencias y cambios en el mundo financiero.

- **Toma de Decisiones Informadas:** Al aplicar los conocimientos recién adquiridos, Ytur toma decisiones financieras más informadas y estratégicas.

- **Adaptabilidad a Cambios:** La capacidad de adaptarse a los cambios en el panorama financiero mejora, permitiendo a Ytur ajustar su estrategia según sea necesario.

Beneficios a Largo Plazo:

- **Ventaja Competitiva:** La educación continua brinda a Ytur una ventaja competitiva en su carrera y en la gestión de sus propias finanzas.

- **Desarrollo Profesional:** Contribuye al desarrollo profesional continuo de Ytur, abriendo puertas a nuevas oportunidades y crecimiento.

Reflexiones:

La inversión en educación continua no solo mejora la toma de decisiones financieras, sino que también fortalece la base de conocimientos de Ytur, proporcionándole herramientas valiosas para enfrentar los desafíos y aprovechar las oportunidades en el siempre cambiante mundo financiero.

Capítulo 19: Persistencia y Éxito

Ejercicio: Reflexiona sobre un logro financiero pasado. Identifica las acciones y hábitos que contribuyeron a ese éxito y piensa en cómo puedes aplicar esas lecciones en el futuro.

Persistencia y Éxito por [Tu Nombre]:

Logro Financiero Pasado:

Recuerdo con gratitud el logro de liquidar completamente mis deudas estudiantiles. Fue un hito significativo que requirió esfuerzo y dedicación a lo largo del tiempo.

Acciones y Hábitos que Contribuyeron al Éxito:

1. **Presupuesto Riguroso:**

   - Establecí un presupuesto detallado que asignaba cada dólar a categorías específicas. Seguirlo rigurosamente me permitió controlar mis gastos y destinar fondos adicionales al pago de deudas.

2. **Ingresos Adicionales:**

   - Busqué oportunidades para generar ingresos adicionales, ya sea a través de trabajos paralelos, proyectos independientes o ventas de artículos no esenciales. Los ingresos adicionales aceleraron mi capacidad para saldar las deudas.

3. **Priorización de Deudas con Tasas de Interés Altas:**

- Identifiqué las deudas con tasas de interés más altas y las prioricé en mi plan de pago. Abordar primero estas deudas permitió reducir el impacto acumulado de los intereses.

4. **Ajustes de Estilo de Vida:**

   - Realicé ajustes en mi estilo de vida para liberar más fondos para el pago de deudas. Esto incluyó tomar decisiones conscientes sobre entretenimiento, compras y elecciones de estilo de vida.

5. **Mantenimiento de una Actitud Positiva:**

   - Mantuve una actitud positiva y centrada en mis objetivos. Celebré los pequeños logros en el camino y me recordé a mí mismo que cada pago estaba acercándome a la libertad financiera.

Aplicación de Lecciones en el Futuro:

1. **Preservación del Presupuesto:**

   - Mantendré la disciplina del presupuesto incluso después de liquidar las deudas. Esta práctica continuará siendo fundamental para controlar mis gastos y dirigir recursos hacia metas financieras.

2. **Búsqueda de Ingresos Adicionales:**

   - Seguiré explorando oportunidades para generar ingresos adicionales. Esto no solo acelerará mis objetivos financieros, sino que también brindará flexibilidad y seguridad financiera.

3. **Priorización Estratégica:**

   - Aplicaré la estrategia de priorizar deudas con tasas de interés más altas en cualquier futura planificación financiera. Esta táctica eficaz maximiza el impacto de los pagos.

4. **Adaptación del Estilo de Vida:**

   - La disposición a realizar ajustes en el estilo de vida según las metas financieras seguirá siendo una práctica clave. Esto garantizará la asignación efectiva de recursos y la alineación con objetivos financieros a largo plazo.

5. **Mentalidad Positiva y Celebración:**

   - Mantendré una mentalidad positiva, reconociendo y celebrando los logros, grandes o pequeños. La celebración es esencial para mantener la motivación y la perseverancia en el camino financiero.

Reflexiones Finales:

Este ejercicio de reflexión refuerza la importancia de la disciplina financiera y las decisiones conscientes en el éxito pasado. Al aplicar estas lecciones en el futuro, estoy seguro de que podré abordar con éxito nuevos desafíos financieros y alcanzar metas más ambiciosas.

Capítulo 20: El Camino de la Disciplina

Ejemplo: Ytur mantiene su disciplina financiera incluso en momentos difíciles. Este capítulo destaca cómo la coherencia en sus hábitos contribuye a su éxito a largo plazo.

El Camino de la Disciplina por Ytur:

Contexto:

A lo largo de los años, Ytur ha enfrentado desafíos financieros, desde cambios en el empleo hasta crisis económicas. A pesar de estas adversidades, ha mantenido una disciplina financiera constante, un elemento clave en su camino hacia el éxito a largo plazo.

Hábitos de Disciplina Financiera:

1. **Preservación del Presupuesto:**

   - Ytur ha mantenido un presupuesto sólido incluso en momentos difíciles. Esta herramienta le ha permitido tener un control constante sobre sus ingresos y gastos, proporcionando una base estable.

2. **Priorización de Objetivos:**

   - Aunque las circunstancias han cambiado, Ytur ha mantenido la priorización de objetivos financieros. Ha ajustado su plan según sea necesario, pero siempre ha tenido claro hacia dónde se dirige.

3. **Ahorro Continuo:**

   - La práctica de ahorrar regularmente, incluso en pequeñas cantidades, ha sido una constante en la rutina de Ytur. Esto ha creado un colchón financiero que le proporciona seguridad en tiempos inciertos.

4. **Inversiones a Largo Plazo:**

   - A pesar de las fluctuaciones del mercado, Ytur ha mantenido su enfoque en inversiones a largo plazo. Ha resistido la tentación de realizar cambios impulsivos y ha confiado en su estrategia a largo plazo.

5. **Adaptabilidad sin Comprometer Principios:**

   - La adaptabilidad es una característica clave en la disciplina de Ytur. Aunque ha ajustado su enfoque según las circunstancias, nunca ha comprometido sus principios financieros fundamentales.

Impacto en el Éxito a Largo Plazo:

- **Estabilidad Financiera:** La disciplina constante ha proporcionado estabilidad financiera, incluso en momentos turbulentos.

- **Crecimiento Patrimonial:** La coherencia en hábitos financieros ha contribuido al crecimiento constante del patrimonio de Ytur a lo largo del tiempo.

- **Reducción de Estrés Financiero:** Al tener una disciplina financiera sólida, Ytur ha reducido significativamente el estrés asociado con las incertidumbres económicas.

Lecciones para el Lector:

- **Consistencia sobre la Intensidad:** Este ejemplo destaca la importancia de la consistencia a lo largo del tiempo. Mantener hábitos financieros consistentes a menudo es más valioso que realizar esfuerzos intensos en momentos específicos.

- **Adaptabilidad Controlada:** La adaptabilidad es esencial, pero debe ser controlada. Ajustar estrategias sin perder de vista los objetivos a largo plazo es clave.

- **Disciplina como Pilar del Éxito:** La disciplina financiera no solo es una herramienta, sino un pilar fundamental del éxito financiero a largo plazo.

Reflexiones Finales:

Este capítulo destaca cómo la disciplina financiera sostenida, incluso en momentos desafiantes, puede ser la clave del éxito a largo plazo. La historia de Ytur sirve como inspiración para aquellos que buscan mantener la coherencia en sus hábitos financieros en su propio viaje hacia el éxito financiero.

Capítulo 21: Transformando Desafíos en Oportunidades

Ejercicio: Identifica un desafío financiero actual y piensa en cómo podrías transformarlo en una oportunidad para crecimiento y mejora.

Transformando Desafíos en Oportunidades por [Tu Nombre]:

Desafío Financiero Actual:

Actualmente, me enfrento al desafío de gestionar deudas acumuladas debido a gastos imprevistos y cambios en mis ingresos.

Pasos para Transformar el Desafío en Oportunidad:

1. **Análisis Detallado de Deudas:**

   - Identificaré cada deuda, comprendiendo sus términos, tasas de interés y plazos. Este análisis detallado proporcionará claridad sobre la magnitud del desafío.

2. **Creación de un Plan de Pago Estructurado:**

   - Desarrollaré un plan de pago estructurado que priorice las deudas con tasas de interés más altas. Esto optimizará el uso de mis recursos para reducir los costos acumulados por intereses.

3. **Búsqueda de Ingresos Adicionales:**

   - Exploraré oportunidades para generar ingresos adicionales, ya sea a través de trabajos temporales, proyectos independientes o la venta de artículos no esenciales. Estos ingresos adicionales se dirigirán directamente al pago de deudas.

4. **Reevaluación del Presupuesto:**

   - Reevaluaré mi presupuesto actual, identificando áreas donde puedo realizar ajustes para dirigir más fondos hacia el pago de deudas. La disciplina en el gasto será clave en este proceso.

5. **Aprendizaje de Habilidades Financieras:**

   - Aprovecharé este desafío como una oportunidad para mejorar mis habilidades financieras. Aprenderé más sobre estrategias de gestión de deudas, presupuesto efectivo y toma de decisiones financieras informadas.

6. **Cambio de Perspectiva:**

   - Transformaré mi perspectiva sobre las deudas como una carga hacia verlas como una oportunidad para aprender y mejorar. Este cambio de mentalidad fortalecerá mi resiliencia financiera.

Objetivos para el Crecimiento y Mejora:

- **Reducción Sostenible de Deudas:** El objetivo principal es reducir de manera sostenible las deudas, estableciendo un camino hacia la libertad financiera.

- **Desarrollo de Habilidades Financieras:** Utilizaré este desafío como una plataforma para desarrollar habilidades financieras sólidas que me beneficiarán a largo plazo.

- **Generación de Ingresos Resiliente:** La búsqueda de ingresos adicionales no solo abordará las deudas actuales, sino que también establecerá una base para la generación de ingresos resiliente en el futuro.

Reflexiones Finales:

Al transformar el desafío financiero actual en una oportunidad para el crecimiento y la mejora, estoy dando un paso activo hacia un futuro financiero más sólido. Este proceso no solo abordará las deudas, sino que también me equipará con habilidades y mentalidad valiosas para enfrentar futuros desafíos financieros con resiliencia y determinación.

Capítulo 22: El Fruto del Trabajo Dedicado

Ejemplo: Ytur celebra el logro de metas financieras, desde la cancelación de deudas hasta la adquisición de activos. Este capítulo resalta cómo el trabajo dedicado se traduce en resultados tangibles.

El Fruto del Trabajo Dedicado por Ytur:

Contexto:

Después de años de trabajo dedicado y decisiones financieras informadas, Ytur celebra el logro de varias metas financieras significativas. Desde la cancelación de deudas hasta la adquisición de activos, este capítulo resalta cómo la persistencia y la dedicación se traducen en resultados tangibles.

Hitos Alcanzados:

1. **Liquidación de Deudas:**

   - Ytur celebra la liquidación completa de las deudas acumuladas. Este logro representa no solo una liberación financiera, sino también el resultado de un enfoque disciplinado y la aplicación consistente de estrategias de pago.

2. **Adquisición de Propiedad:**

   - Como fruto de la disciplina en el ahorro e inversiones, Ytur adquiere su primera propiedad. Este hito marca una transición significativa hacia la construcción de patrimonio y estabilidad financiera a largo plazo.

3. **Diversificación de Inversiones:**

- Ytur diversifica sus inversiones, expandiendo su cartera más allá de los activos tradicionales. Este enfoque estratégico demuestra una comprensión profunda de la gestión de riesgos y la búsqueda de oportunidades rentables.

4. **Creación de un Fondo de Emergencia Sólido:**

- Un fondo de emergencia sólido se ha convertido en una realidad para Ytur. Este fondo proporciona tranquilidad y seguridad financiera, permitiendo enfrentar imprevistos sin comprometer metas financieras a largo plazo.

Lecciones Aprendidas:

- **Consistencia en la Disciplina:**

- La consistencia en la disciplina financiera es la clave del éxito. Cada pequeña acción diaria contribuye a resultados notables con el tiempo.

- **Enfoque en Metas a Largo Plazo:**

- Mantener un enfoque en metas a largo plazo, incluso cuando los resultados no son inmediatos, es esencial. Ytur ha demostrado que la paciencia y la persistencia valen la pena.

- **Adaptabilidad y Diversificación:**

- La capacidad de adaptarse a las condiciones cambiantes y diversificar las estrategias financieras son habilidades esenciales. Ytur ha demostrado una sólida comprensión de estas prácticas.

Mensaje Inspirador para los Lectores:

- **El Éxito es un Viaje Continuo:**

   - Ytur enfatiza que el éxito financiero no es un destino, sino un viaje continuo. Celebrar los logros es crucial, pero también lo es mantener la mentalidad de mejora constante.

- **La Dedicación Rinde Frutos:**

   - El ejemplo de Ytur subraya que la dedicación y el trabajo constante no pasan desapercibidos. Cada esfuerzo contribuye al crecimiento financiero a largo plazo.

Reflexiones Finales:

Este capítulo celebra el fruto del trabajo dedicado de Ytur y destaca cómo las decisiones financieras informadas y la perseverancia pueden transformar metas abstractas en logros tangibles. La historia de Ytur es un recordatorio inspirador de que, con disciplina y visión a largo plazo, el éxito financiero es alcanzable para cualquiera.

Capítulo 23: El Horizonte Ilimitado

Ejercicio: Visualiza tu horizonte financiero a largo plazo. Describe la vida que deseas lograr y establece pasos concretos para alcanzar esa visión.

El Horizonte Ilimitado por [Tu Nombre]:

Visualización del Horizonte Financiero a Largo Plazo:

Mi horizonte financiero a largo plazo es un lienzo vibrante de estabilidad, libertad y contribución significativa. Veo una vida donde mis decisiones financieras respaldan mis valores y aspiraciones, permitiéndome no solo alcanzar metas personales, sino también influir positivamente en mi comunidad y en el mundo.

Aspectos Clave de mi Horizonte Financiero:

1. **Libertad Financiera:**

   - Experimento una libertad financiera que me brinda opciones. No solo estoy libre de deudas, sino que tengo la capacidad de tomar decisiones fundamentadas sobre cómo quiero gastar mi tiempo y recursos.

2. **Contribución Significativa:**

   - Mi éxito financiero se traduce en la capacidad de contribuir significativamente a causas y proyectos que resuenan conmigo. Establezco un fondo para donaciones y participo activamente en iniciativas que tienen un impacto positivo.

3. **Crecimiento Patrimonial Sostenible:**

   - Mi patrimonio crece de manera sostenible a lo largo del tiempo. Las inversiones cuidadosamente seleccionadas y una gestión financiera inteligente contribuyen a un crecimiento constante y a la seguridad financiera a largo plazo.

4. **Estabilidad en las Etapas de la Vida:**

   - Mi horizonte financiero incluye la capacidad de enfrentar transiciones de vida con estabilidad. Ya sea planificando para la jubilación, la educación de mis hijos o cualquier otro hito importante, tengo la tranquilidad financiera para abordar cada etapa.

Pasos Concretos para Alcanzar mi Visión:

1. **Establecimiento de Objetivos Claros:**

   - Defino objetivos financieros claros y medibles para cada área de mi visión. Estos objetivos actúan como hitos en mi viaje financiero, proporcionando dirección y enfoque.

2. **Planificación Financiera Detallada:**

   - Desarrollo un plan financiero detallado que abarque presupuestos, inversiones y estrategias de gestión de deudas. Este plan sirve como una guía práctica para alcanzar mis metas a largo plazo.

3. **Educación Financiera Continua:**

   - Reconozco la importancia de la educación financiera continua. Me comprometo a aprender sobre nuevas estrategias, instrumentos financieros y tendencias que puedan afectar mi horizonte financiero.

4. **Inversión en Desarrollo Profesional:**

- Reconozco que mi capacidad de generar ingresos está intrínsecamente vinculada a mi desarrollo profesional. Invierto en mi educación y habilidades para asegurar un crecimiento sostenible en mi carrera.

5. **Diversificación y Protección de Activos:**

- Aplico una estrategia de diversificación en mis inversiones y aseguro adecuadamente mis activos. Este enfoque mitigará riesgos y protegerá mi patrimonio a largo plazo.

Mensaje Inspirador para los Lectores:

- **El Horizonte es Personal y Ilimitado:**

- Cada Individuo tiene un horizonte financiero único y personal. No hay límites para lo que se puede lograr con determinación, educación y decisiones financieras informadas.

- **La Visión Guía la Acción:**

- Al visualizar un horizonte financiero a largo plazo, establecemos una guía para nuestras acciones diarias. Cada elección cuenta y nos acerca a esa visión deseada.

Reflexiones Finales:

Mi horizonte financiero a largo plazo es una obra en construcción, una visión poderosa que me impulsa hacia adelante. A medida que sigo pasos concretos y me comprometo con mi visión, sé que el horizonte es ilimitado, lleno de posibilidades y logros financieros.

En este anexo, hemos explorado ejercicios prácticos y ejemplos con el propósito de fortalecer las lecciones fundamentales de "El Despertar Financiero". Cada ejercicio ha sido diseñado para ser una herramienta valiosa en tu viaje hacia una mayor conciencia y éxito financiero.

Recuerda que el cambio financiero no ocurre de la noche a la mañana, sino a través de pequeñas acciones consistentes a lo largo del tiempo. Al reflexionar sobre tus hábitos financieros, establecer metas alcanzables y comprometerte con la mejora continua, estás allanando el camino hacia un horizonte financiero más brillante y satisfactorio.

En cada ejercicio, en cada ejemplo, y en cada paso que tomes para aplicar estas lecciones, estás invirtiendo en tu propio bienestar financiero. Celebra cada logro, aprendizaje y ajuste, sabiendo que cada uno te acerca un paso más a la realización de tus metas.

Recuerda, tu viaje financiero es único, y cada elección cuenta. A medida que aplicas estas lecciones, continúa explorando, aprendiendo y adaptándote. El despertar financiero es un proceso continuo, y cada día te brinda una oportunidad renovada para avanzar hacia el horizonte financiero que visualizas.

Que este anexo sirva como una fuente de inspiración y guía en tu búsqueda hacia la libertad y el éxito financiero. ¡Adelante, el camino hacia tu despertar financiero te espera con posibilidades ilimitadas!

EPÍLOGO

Queridas Lectoras y Lectores,

Ha sido un honor acompañarlos a lo largo de este viaje a través de las páginas de "El Despertar Financiero". En cada capítulo, hemos explorado juntas y juntos los caminos de la disciplina, la planificación y la transformación financiera.

A medida que nos despedimos, quiero recordarles que el conocimiento adquirido es una herramienta poderosa que pueden utilizar para forjar su propio camino hacia el éxito financiero. Cada lección, cada ejercicio, y cada ejemplo están diseñados para capacitarlos en su viaje hacia una vida financiera más plena y consciente.

Les animo a aplicar lo aprendido, a establecer metas claras y a perseverar en la búsqueda de sus sueños financieros. Recuerden que la disciplina y la paciencia son aliadas valiosas en este viaje.

A medida que avanzan, les deseo claridad en sus decisiones financieras, resiliencia en los desafíos y la satisfacción de alcanzar metas que una vez parecían lejanas.

Gracias por permitirme ser parte de su viaje. Que sus horizontes financieros sean tan ilimitados como sus sueños. Les envío mis mejores deseos en cada paso que den hacia un futuro financiero brillante.

Si ha encontrado inspiración, consejos útiles o simplemente ha experimentado un cambio positivo en su enfoque financiero después de leer "El Despertar Financiero", ¡por favor comparta su experiencia conmigo! Sus testimonios son la mejor recompensa para el esfuerzo dedicado a la creación de este libro.

Con gratitud,

Ruth Muratori

ruth@ruthmuratori.com

ACERCA DE LA AUTORA

Ruth Muratori, una destacada autora en el ámbito de la literatura financiera y motivacional, se erige como una guía inspiradora para aquellos que buscan transformar su relación con el dinero. Nacida con un don para comunicar de manera clara y motivadora, Ruth ha consolidado su reputación como una narradora experta, capaz de convertir conceptos financieros complejos en relatos cautivadores y accesibles.

Con una profunda comprensión de la psicología financiera y un enfoque centrado en el bienestar integral, Ruth Muratori ha ganado el reconocimiento de lectores ávidos que buscan no solo adquirir conocimientos financieros prácticos, sino también encontrar inspiración para alcanzar sus metas y sueños.

Su obra, caracterizada por una mezcla única de sabiduría financiera, consejos prácticos y narrativa envolvente, ha tocado la vida de numerosas personas, guiándolas hacia una mayor conciencia financiera y empoderándolas para tomar decisiones informadas.

Ruth Muratori no solo es una autora de renombre, sino también una defensora apasionada de la educación financiera inclusiva. Su enfoque se destaca por su capacidad para llegar a una audiencia diversa, derribando barreras y haciendo que conceptos financieros a menudo intimidantes se vuelvan accesibles para todos.

Con un estilo único que combina la claridad conceptual con el toque emocional, Ruth Muratori no solo comparte conocimientos, sino que teje historias que resuenan en el corazón de quienes buscan una transformación financiera significativa. Su capacidad para conectar con los lectores, tanto a nivel intelectual como emocional, la ha convertido en una voz respetada y apreciada en el panorama de la literatura financiera moderna.

www.ruthmuratori.com

www.ingramcontent.com/pod-product-compliance
Lightning Source LLC
Chambersburg PA
CBHW072257290526
45794CB00002B/502